RYUHO OKAWA

VIVENDO
SEM ESTRESSE

OS SEGREDOS DE UMA VIDA FELIZ
E LIVRE DE PREOCUPAÇÕES

IRH Press do Brasil

Copyright © 2012 Ryuho Okawa

Edição original em japonês: Kokoro wo Iyasu
Stress Free no Koufukuron © 2012 Ryuho Okawa

Edição em inglês: © 2019 Worry-Free Living –
Let Go of Stress and Live in Peace and Happiness

Tradução para o português © 2022 Happy Science

Imagem de capa: © Gudellaphoto-Fotolia

IRH Press do Brasil Editora Limitada
Rua Domingos de Morais, 1154, 1º andar, sala 101
Vila Mariana, São Paulo – SP – Brasil, CEP 04010-100

Todos os direitos reservados.
Nenhuma parte desta publicação poderá ser reproduzida, copiada, armazenada em sistema digital ou transferida por qualquer meio, eletrônico, mecânico, fotocópia, gravação ou quaisquer outros, sem que haja permissão por escrito emitida pela Happy Science – Happy Science do Brasil.

ISBN: 978-65-87485-37-9

SUMÁRIO

PREFÁCIO 9

CAPÍTULO UM
Como lidar com o estresse

1 Estresse nos relacionamentos   13
2 Estresse financeiro   32
3 Como eliminar as preocupações com o envelhecimento   43
4 Pontos importantes para livrar sua mente do estresse   46

CAPÍTULO DOIS
Como melhorar seus relacionamentos

1 Cada um tem uma percepção e compreensão diferente das coisas   55
2 Procure ver os pontos fortes dos outros   59

3 Manter uma distância saudável 70

4 Três pontos-chave para melhorar seus relacionamentos 76

5 Cultive um coração que abençoa os bem-sucedidos 79

CAPÍTULO TRÊS
Um coração que abençoa

1 Quem sempre fala mal dos outros não consegue ser feliz 87

2 Comparar-se com os outros é a causa dos sentimentos de infelicidade 101

3 A importância do coração que abençoa na família 110

4 Resolva o caderno de exercícios da vida com um coração que abençoa 123

CAPÍTULO QUATRO
Uma vida lapidada pelas grandes ondas do destino

1 O guia que irá salvá-lo nas grandes ondas da vida   131
2 A atitude mental que determina a felicidade ou a infelicidade na vida   139
3 O poder de decisão abrirá o seu caminho   150

CAPÍTULO CINCO
Sinta o milagre

1 A verdadeira causa do nosso sofrimento   163
2 Aceite com serenidade seu caderno de exercícios da vida   170
3 Não há coincidências neste mundo   175
4 O momento em que sentimos o milagre   184

POSFÁCIO 189

Sobre o autor   191
O que é El Cantare?   193
Sobre a Happy Science   195
Contatos   197
Outros livros de Ryuho Okawa   200

PREFÁCIO

As preocupações que os seres humanos enfrentam talvez sejam tão numerosas quanto os habitantes deste mundo. A tarefa de um líder religioso é identificar ao máximo os elementos comuns dessas preocupações e oferecer maneiras de lidar com elas.

Este livro foi compilado a partir das palestras realizadas nos nossos templos próprios, voltadas sobretudo a membros de cidades interioranas do Japão. Por isso, expus minhas ideias básicas de um modo natural e descontraído.

Ficarei feliz se este livro se tornar um guia para o seu coração, em diversas ocasiões, para ajudá-lo a entender sua mente e encontrar o sentido de sua vida neste mundo.

Ryuho Okawa
Fundador e CEO do Grupo Happy Science
3 de julho de 2012

CAPÍTULO UM

COMO LIDAR COM O ESTRESSE

1
Estresse nos relacionamentos

Muitos problemas modernos surgem por causa do estresse

O tema deste capítulo, "Como lidar com o estresse", vai além das fronteiras da religião, e saber lidar com o estresse constitui uma bênção para todos os que vivem na era moderna. Trata-se de um assunto de grande importância não só para os japoneses, mas também para os povos de outros países.

As pessoas de hoje enfrentam preocupações que podem ser descritas de vários modos, mas, sejam elas quais forem, em certo sentido, podemos dizer que o estresse é a causa das mais variadas preocupações. Enquanto lê este livro, o leitor pode querer apenas encontrar uma maneira de lidar melhor com o estresse; talvez ache que isso é tudo o que precisa saber para alcançar a iluminação no mundo moderno, e que não é necessário fazer nada além disso, nem ingressar na Happy Science. Mas não é bem assim que as coisas funcionam.

O conteúdo deste capítulo é somente uma pequena introdução. Saiba que o mundo da religião não é tão simples a ponto de ser possível alcançar a iluminação de imediato apenas com sua leitura. Isso porque há um fundamento muito mais profundo por trás dele.

Este capítulo baseia-se numa palestra que realizei no templo de Matsudo da Happy Science, localizado numa cidade da Prefeitura de Chiba, no Japão. Antes da palestra, pedi aos espectadores que respondessem a um questionário sobre os tipos de preocupações que tinham e sobre as coisas que lhes causavam estresse. Os resultados revelaram que as duas principais preocupações eram com os relacionamentos pessoais e com os problemas financeiros, seguidas de temores ligados à velhice. Provavelmente, esse resultado não seria muito diferente se fizéssemos essas perguntas às pessoas na rua. São questões relativamente básicas, mas essenciais, sobre as quais muitas pessoas querem saber mais; por isso, neste capítulo eu gostaria de oferecer soluções para problemas desse tipo.

Dentre as pessoas que preencheram o questionário, a fonte de estresse mais comum citada eram os problemas de relacionamento, sobretudo com seus chefes, colegas de trabalho veteranos e outros funcionários dentro de uma organização. Em geral, as empresas avaliam e classificam os funcionários usando uma série de critérios, como o tempo de casa, a formação educacional, suas especializações, a experiência de trabalho, as realizações anteriores, entre outros. São esses os critérios que utilizam para designar os cargos adequados a cada um. E é nesse contexto que surgem os problemas de relacionamento.

Minha experiência de conflitos com um colega sênior

Lembro que me senti muito estressado durante os seis anos em que trabalhei numa empresa comercial, quando tinha vinte e poucos anos e ainda vivia uma vida secular. No entanto, quando penso nessa experiência agora, sinto-me totalmente livre do estresse que tive naquela época. Todos os problemas e preocupações de então desapareceram. Não há um único problema não resolvido que eu carregue até hoje, o que significa que não estou parado no mesmo lugar. Tenho assumido novos desafios, um após o outro; então, o que antes me causava estresse ou preocupação passou, como se fosse a correnteza de um rio, e se tornou algo trivial.

Naquela época, vários funcionários formados pela Universidade de Tóquio, como eu, trabalhavam na mesma empresa comercial. Um deles, que era meu colega sênior, foi a principal fonte do meu estresse. Mas agora, olhando para trás, sinto muita gratidão por ele ter me tratado daquela forma, porque essa experiência me fortaleceu e fez de mim o que sou hoje. Por ter sido também meu veterano da universidade, provavelmente ele achava que precisava me dar uma dura lição. Apontava meus defeitos de maneira incisiva, como se espetasse agulhas em mim. Porém, graças a essas duras lições de amor fui capaz de obter diversas iluminações. Sinto que foi realmente um grande aprendizado.

Ao mesmo tempo, acho que também havia uma boa probabilidade de que meu colega me tratasse com severidade apenas para aliviar seu próprio estresse. Provavelmente teria se tornado um grande problema se ele tratasse os outros da mesma maneira. Talvez achasse que eu iria tolerar e ouvir quieto suas exigências porque eu era mais novo e por termos estudado no mesmo curso na universidade. Seja como for, tudo serviu como aprimoramento para mim.

Lembro, por exemplo, que uma vez eu estava ajudando na contratação de recém-formados e ele zombou de mim por ter recrutado um bom número de pessoas talentosas da minha universidade. Disse-me algo como: "Se você contratar muita gente competente, vai sofrer mais tarde. Afinal, você não sabe que aqueles que entram na companhia cinco a dez anos depois de nós acabam se tornando nossos maiores rivais?". Fiquei chocado ao ouvi-lo dizer isso, porque um pensamento desse tipo jamais passaria pela minha cabeça. Para mim, minha missão era contratar pessoas talentosas que pudessem contribuir para o crescimento da empresa, então procurava recrutar as pessoas mais capazes.

Eu era particularmente habilidoso em contratar candidatos que já haviam recebido ofertas de outras empresas. Como ficou comprovado mais tarde, ao fundar minha própria organização, eu conseguia convencer até mesmo aqueles que haviam recebido ofertas de muitas outras companhias renomadas. Na época, essa era uma das atribuições que me haviam sido designadas, assim, recrutei muitas pessoas competentes. E apesar de não ganhar muito mais por esse tipo de trabalho, ficava feliz em ajudar, simplesmente por gostar da tarefa.

Então, quando esse colega veterano compartilhou seu pensamento comigo, lembro que pensei: "Já entendi. As pessoas mais sábias são diferentes. Elas pensam até mesmo sobre o futuro". Recordo também que, no ambiente de trabalho, eu não revelava o fato de possuir habilidades espirituais, com exceção de algumas poucas pessoas com quem eu conseguia me sentir à vontade. Com elas, eu conversava a respeito dos fenômenos espirituais que experimentava. Mas de algum modo isso se espalhou, e meu colega veterano ficou sabendo. Lembro que me repreendeu furiosamente, dizendo coisas como: "Você precisa se arrepender disso!" ou ainda "Pare de acreditar nessas coisas espirituais!", tentando me forçar a negar os fenômenos espirituais que eu havia experimentado.

Hoje, costumo falar do lado "reluzente" dos meus dias naquela empresa comercial, e evito mencionar o lado "sombrio", porque minhas palestras são gravadas e podem deixar impressões profundas na mente dos ouvintes. Além disso, muitas das pessoas com as quais trabalhei naquela empresa ainda estão vivas, e não quero causar-lhes nenhum constrangimento falando a respeito delas.

As críticas constituem a semente para sua elevação pessoal

No entanto, agora percebo que as relações pessoais daquela época que mais me causaram estresse ou feridas profundas foram aquelas que, posteriormente, se transformaram em alimento para a minha alma. Hoje raramente recebo críticas diretas, mas naquela época era uma repreensão atrás da outra, e aprendi muito com isso.

Hoje, uma pessoa precisaria estar muito preparada para me criticar diretamente; mesmo um chefe de Estado ficaria intimidado em fazer isso, pois se fizesse um comentário negativo a meu respeito – por exemplo, "Não gosto da expressão facial de Ryuho Okawa" – e seu comentário fosse publicado no jornal, provavelmente ele e o próprio jornal receberiam uma avalanche de reclamações dos membros de nossa organização logo pela manhã.

E mesmo que eu concordasse com o que essa pessoa tivesse dito a meu respeito, os membros da nossa organização não iriam deixar o comentário sem resposta.

O que quero dizer, em resumo, é que você pode sofrer com problemas de relacionamento no trabalho, mas isso também irá ajudá-lo a perceber que nem todas as críticas que recebe estão equivocadas. Na realidade, saiba que algumas delas são sementes que podem transformá-lo em uma pessoa ainda mais esplêndida. Você precisa apenas extrair uma lição das críticas e usá-las para se aprimorar. Mesmo que venham de pessoas que não sejam muito capacitadas, as críticas delas podem ser igualmente valiosas.

A democracia não funcionaria se apenas recebêssemos críticas de pessoas mais notáveis que nós. Numa democracia, os cidadãos comuns podem eleger ou rejeitar candidatos muito bons. Em outras palavras, a democracia funciona com base na premissa de que mesmo as pessoas comuns são muitas vezes capazes de apontar os problemas, defeitos e falhas de indivíduos notáveis, e que podemos ver o caráter das outras pessoas como se fôssemos espectadores, mesmo sem ter consciência de nosso próprio caráter.

Portanto, numa sociedade democrática, quanto mais notável você se torna, mais precisa se dispor a ouvir eventuais críticas. À medida que sua posição social se eleva, aquilo que é aceitável para uma pessoa comum torna-se inaceitável para você, e depois de certo ponto você começará a ser censurado até mesmo pelos menores deslizes naquilo que diz.

Essa experiência pode ser bastante sofrida, mas em certo sentido mostra que precisamos aceitar o peso da responsabilidade que vem com uma posição social mais alta. É essencial ter consciência disso.

Quanto mais importante você se torna, mais críticas recebe. Você passa a ser criticado até por aspectos que antes ninguém notava. Certas ações ou comportamentos são aceitáveis quando você é um subordinado, mas inaceitáveis depois que se torna um líder. As mulheres em particular, ao assumirem uma posição de liderança, muitas vezes são obrigadas a ouvir coisas que não gostariam que ninguém apontasse. Mas isso é inevitável quando você está numa posição de liderança. Conforme sua posição social se eleva, você certamente passa a receber queixas e críticas de várias pessoas.

Procure não levar para o lado pessoal as críticas mais duras

Há várias coisas que pude perceber ao ser criticado. Uma delas é particularmente importante para aqueles com inclinação religiosa, porque, em muitos casos, pessoas dessa natureza têm um coração puro e tendem a levar a sério demais as palavras dos outros e ficar excessivamente magoadas. Aquelas com uma propensão religiosa costumam impor a si mesmas certos preceitos, como o de se esforçar para não falar mal dos outros. Como resultado, tornam-se muito vulneráveis a críticas e ataques verbais, ficam profundamente magoadas com isso e permitem que a dor perdure por longo tempo.

Eu era assim quando mais jovem, mas, ao pensar nisso agora que já se passaram vários anos, sinto que é como se fosse um pecado você se deixar magoar facilmente e permitir que a dor se prolongue. Muitas vezes, as pessoas dizem coisas sem pensar. É comum que digam a primeira coisa que passa pela cabeça, por estarem vivendo alguma situação ou por causa da circunstância ou do humor em que se encontram. Portanto, não permita que a dor dos comentários feitos pelos outros se estenda por muito tempo, às vezes até por dez ou vinte anos. Muito provavelmente as pessoas que proferiram aquelas palavras não tinham a intenção de atormentá-lo por décadas ou de fazê-lo sofrer pelo resto da vida.

Claro, às vezes alguns indivíduos têm de fato essa intenção de amaldiçoar você pelo resto da sua vida – elas o colocam como alvo e disparam uma flecha de crítica na hora mais propícia. Mas esse tipo de coisa acontece apenas uma ou duas vezes ao longo da vida, às vezes nem isso. Em geral, as pessoas não pensam tão a longo prazo nem têm intenções tão arraigadas. Quase todos nós somos pessoas comuns e ninguém é santo. Desse modo, pode até ser inevitável levar as críticas para o lado pessoal e se sentir ferido pelas palavras dos outros, mas é preciso tentar esquecer isso após uma noite de sono. A maioria dos casos se enquadra nessa categoria.

Por exemplo, se você se encontra numa posição de liderança e é criticado por alguém, pode sofrer com isso, mas muitas vezes as pessoas se queixam simplesmente porque querem mais atenção. Elas não conseguem suportar quando as coisas não saem do jeito que querem, e então esse sentimento de frustração gera o comportamento de procurar despertar a atenção dos outros, e se manifesta como críticas dirigidas aos superiores no trabalho. Portanto, não podemos pensar demais nas críticas. Não devemos ignorá-las totalmente, mas tampouco devemos levá-las a sério demais. Esta é uma das lições importantes que aprendi quando jovem. Em particular, as pessoas com uma inclinação religiosa, com um coração puro, costumam ser muito sensíveis, por isso precisam aprender a se tornar um pouco mais fortes.

Como recurso, você pode se preparar para se defender das flechas das críticas que vêm voando em sua direção. Se você observar as criaturas aquáticas, por exemplo, verá que peixes lisos, como o bagre e as enguias, não têm escamas no corpo. Outros tipos de peixe têm escamas, e há criaturas, como as tartarugas, que têm carapaça. Ou seja, cada criatura possui diferentes recursos para se defender.

No meu caso, embora às vezes eu sofra com algumas críticas se o que eu disse foi fundamentalmente interpretado de maneira errada ou deixou alguém infeliz, já não me magoo mais com as críticas comuns que recebo de vez em quando. Isso ocorre porque o nível das coisas com as quais me preocupo passou para uma dimensão mais elevada. O "eu" atual está pensando em como levar felicidade a muitas pessoas; portanto, questões pequenas já não me preocupam.

Tenha força para conseguir esquecer após uma noite de sono

Quando eu era mais jovem, porém, não conseguia ser assim. Nos meus tempos de estudante, houve até uma ocasião na qual fiquei magoado ao descobrir que a garota que eu admirava havia tirado uma nota mais alta que a minha. Fiquei tão arrasado com isso que não consegui jantar por ter perdido o apetite. Ao pensar nisso agora, me parece uma história boba. Justamente em situações como essa eu deveria ter me alimentado melhor e me aplicado mais ao estudo. Essa seria a atitude positiva que eu deveria ter adotado. Eu era ingênuo o suficiente para ficar chocado a ponto de não conseguir comer, só porque a garota que eu admirava havia tirado uma nota mais alta.

Se você ficar deprimido com coisas desse tipo todos os dias, deixará as pessoas ao seu redor assustadas e talvez isso até as impeça de se esforçarem para se sair bem. Não seria certo que as pessoas estudassem pensando: "Não quero magoar os sentimentos de ninguém, então acho que não devo me esforçar demais no estudo" ou "Preciso me controlar para não tirar uma nota muito alta no vestibular, se não vou ferir o sentimento dos outros". Afinal, os dias de estudante são uma época de competição amigável. Algumas vezes você se sai melhor que seus colegas nas provas, outras vezes são eles que vão melhor, mas isso é uma espécie de jogo que ocorre na vida e uma oportunidade de autoaprimoramento. Portanto, não é bom ficar ressentido por causa do resultado obtido. Em particular, aqueles que têm uma propensão religiosa precisam ter em mente que não devem se magoar com muita facilidade nem se prender a feridas emocionais por muito tempo. Saiba que guardar mágoas por um longo período é uma espécie de pecado.

Por outro lado, aqueles que o magoaram podem também estar se sentindo mal por terem falado sem pensar e deixado você triste. Mas, mesmo que tenham se arrependido do que disseram, nem sempre é fácil pedir desculpas. Ocasionalmente podem encontrar uma oportunidade de dizer a você que sentem muito pelo que fizeram, mas, se perderem essa chance, talvez não tenham outra. Em outras palavras, ao verem você magoado podem se sentir igualmente feridos. Portanto, é essencial ter firmeza o suficiente para esquecer o que os outros lhe disseram após uma boa noite de sono. Se você fizer um esforço consciente para se tornar alguém com essa qualidade, aos poucos conseguirá atingir esse objetivo.

Sem algum recurso de defesa, como as escamas, os seres vivos não conseguem nem mesmo repelir água. Então, em primeiro lugar, precisamos nos cobrir com uma "escama" que nos proteja das críticas. Depois, temos de engrossar essa escama até que fique tão espessa quanto a daquele enorme peixe da América do Sul, o pirarucu. E para realmente nos protegermos, precisamos torná-la tão forte quanto a carapaça de uma tartaruga.

Quando você possui uma grande meta e precisa se empenhar para alcançá-la, a obsessão e a preocupação com assuntos triviais só irão atrapalhá-lo. É preciso ter consciência disso.

Quanto mais alta é a sua posição, maiores são os seus problemas

De certa forma, aqueles que ficam obcecados com pequenas coisas, acabam se magoando e continuam apegados a essa mágoa por muito tempo; são pessoas que têm tempo para gastar. E se ouvissem essa afirmação talvez ficassem ainda mais magoadas, mas é um fato. Elas têm muito tempo livre, e é por isso que podem passar anos e às vezes até décadas atormentando-se por algo que alguém comentou uma vez. Pessoas ocupadas simplesmente não podem se dar ao luxo de perder tempo com coisas tão triviais.

Por exemplo, um funcionário subalterno pode ficar angustiado e sofrer muito por causa de uma bronca que recebeu de seu supervisor. Mas, quando há uma recessão econômica, o CEO de uma grande companhia, que tem dezenas de milhares de empregados sob sua responsabilidade, tem questões mais sérias para resolver. A preocupação que uma pessoa sofre quando existe a possibilidade de que sua empresa vá à falência e deixe dezenas de milhares de pessoas desempregadas está em outro nível, totalmente diverso da angústia que você sente porque alguém falou mal de você. Embora a maioria dos funcionários nem sequer perceba a crise que a empresa está enfrentando, os executivos em geral sabem com antecedência que a empresa corre perigo se as coisas continuarem como estão.

Na realidade, quando proferi a palestra na qual este capítulo se baseia, naquela época havia uma companhia aérea japonesa que enfrentava uma crise financeira tremenda. Em janeiro de 2010, essa companhia aérea apresentou uma petição de proteção à Lei de Reabilitação Empresarial, pois havia o risco de a companhia ficar com 10 bilhões de ienes (cerca de 74 milhões de dólares) negativos de fundos por volta do final do mês. Ou seja, ela estava à beira da falência – a ponto de ter suas aeronaves alugadas confiscadas, ficar impossibilitada de reabastecer os aviões e sem condições de pagar o salário dos funcionários. A empresa aérea recorreu às pressas a essa proteção da Lei de Reabilitação Empresarial para evitar ficar sem fundos. Você já pode imaginar o nervoso pelo qual seus executivos passaram. Naturalmente, eles teriam de se demitir e, além disso, talvez fossem obrigados a tomar a difícil decisão de demitir quase um terço de seus cerca de cinquenta mil funcionários. Com toda a certeza, a equipe de gestão da época deve ter passado várias noites sem dormir.

Como vimos, quando você ocupa um cargo importante, não tem mais espaço para pensar em cada uma das críticas que recebe ou nos comentários negativos que os outros fazem a seu respeito. Você tem problemas maiores para resolver, e sua mente passa a se ocupar com questões que dizem respeito a um grande número de pessoas. Se você adotar esse ponto de vista e olhar para os problemas que preocupam sua mente neste exato momento, provavelmente verá como eles são pequenos em comparação com as dificuldades enfrentadas pelos altos executivos.

Claro, não estou dizendo para você ignorar totalmente as críticas, acusações e insultos que receber. Se a crítica que você recebe é relevante em algum aspecto, a maneira mais produtiva de lidar com ela é usá-la para o seu crescimento. Portanto, o primeiro ponto importante para lidar com uma crítica é examinar se ela é válida e se você pode usá-la para se aprimorar. Outro ponto é dizer a si mesmo que você não deve ficar tão sensível a críticas, nem se prender às mágoas por muito tempo. Deixar que a dor se arraste é um pecado e uma evidência de que você tem tempo de sobra para gastar. Se você tiver em mente coisas mais positivas e construtivas, irá perceber que não é possível ficar obcecado com essas questões por tanto tempo.

Na realidade, os problemas com os quais as pessoas se preocupam, se afligem e se debatem são, em 99% dos casos, questões superficiais e insignificantes. Tente por um momento deixar de lado suas próprias preocupações e, na posição de observador, concentre-se nas dificuldades que os outros estão enfrentando. É provável que assim você consiga perceber este fato. As pessoas muitas vezes se magoam por questões banais que acontecem em casa, pequenos mal-entendidos no trabalho e comentários e ações casuais dos outros.

Quando você perceber que está aflito com coisas triviais, deverá tratá-las como tal. Significa que, do mesmo jeito que jogamos no lixo as coisas que devem ser jogadas no lixo, não devemos nos apegar a mágoas triviais como se fossem tesouros valiosos.

Para resumir, gostaria que você soubesse que 1% das suas preocupações têm importância real e devem ser consideradas com cuidado. Os outros 99% são muitas vezes assuntos insignificantes que não merecem sua atenção.

2
Estresse financeiro

Só os seres humanos sofrem por falta de dinheiro

Os problemas que você enfrenta provavelmente não são apenas emocionais ou psicológicos, então vou falar também sobre questões que envolvem outros aspectos da vida. De acordo com o questionário que mencionei anteriormente, além do estresse com os relacionamentos, muitos entrevistados disseram que se sentiam estressados com as dificuldades financeiras.

A aflição pela falta de dinheiro não é uma dificuldade recente, que só os povos de hoje enfrentam. Durante a maior parte da história humana as pessoas têm lutado contra isso. Em outras palavras, praticamente nunca houve um período em que o problema fosse o oposto, ou seja, ter dinheiro demais.

Assim, em 99% do tempo a preocupação predominante era com a alimentação, e as pessoas se sentiam gratas apenas por terem o que comer todos os dias. Apenas 1% da história humana corresponde a períodos de abundância.

Portanto, gostaria que você soubesse que as dificuldades financeiras podem afetar qualquer um, não são um incidente raro como um meteorito que despencou do espaço e acertou em você.

Para começar, as dificuldades financeiras são algo exclusivo dos humanos. Basta olhar para o mundo selvagem para notar que os animais não ganham um único centavo. No folclore japonês, o guaxinim é capaz de transformar folhas em dinheiro falso, mas, basicamente, os animais não são capazes de exercer atividades econômicas. Claro, existem alguns que realizam trabalhos que ajudam os humanos – como os cães de guarda ou os cães-guia –, mas, mesmo que seus donos sejam remunerados por isso, os animais não recebem uma quantia pela tarefa; o máximo que conseguem é talvez alguns restos de comida a mais. O mesmo vale para corvos e golfinhos, que são considerados inteligentes e espertos, mas nenhuma empresa iria empregar um animal. Desse modo, os animais não podem trabalhar em alguma companhia ou participar da atividade econômica. Por outro lado, a maioria dos animais não desenvolve as complexas doenças que os humanos costumam ter. As pessoas desenvolvem doenças devido ao estresse causado por vários fatores.

Na realidade, a maioria das doenças modernas tem sua origem na mente e no espírito.

Os animais enfrentam a doença e os ferimentos que podem sofrer apenas com sua habilidade natural de cura, sem contar com os remédios. Eles podem se sentir estressados por causa do frio, da fome ou do risco de serem mortos, mas, ao contrário dos humanos, não desenvolvem doenças complexas provocadas pelo estresse. Nenhum animal tem úlcera de duodeno porque fez investimentos que não deram certo, nem sofre de úlcera gástrica porque as ações que comprou despencaram, ou comete suicídio por ter perdido uma oportunidade de promoção.

Os animais são incapazes de exercer atividades econômicas, mas em compensação não desenvolvem doenças decorrentes de aflições mentais, nem enlouquecem ou cometem suicídio. Afinal, doenças físicas e disfunções são muitas vezes manifestações de eventos que ocorrem no mundo da mente.

Usei a pobreza como trampolim para desenvolver um espírito de autoajuda

A maioria das pessoas provavelmente não está satisfeita com a própria situação financeira. Na minha juventude, também sofri com a falta de dinheiro, porque minha família não era rica. A empresa do meu pai faliu mais ou menos na época em que nasci, e ele ficou às voltas com dívidas por mais de vinte anos. Isso tornou nossa vida muito difícil em termos financeiros, e lembro que vivíamos num "aperto" por falta de dinheiro. Mas não acho que isso tenha sido necessariamente ruim.

Algumas pessoas atribuem suas dificuldades financeiras atuais à situação precária de seus pais. Podem chegar a essa conclusão porque veem crianças de famílias ricas que ficam ricas quando crescem, algumas até chegando a cargos como o de primeiro-ministro. E, realmente, às vezes o dinheiro funciona como uma ferramenta eficaz para conseguir certas coisas.

Meus pais não eram como a mãe do ex-primeiro-ministro japonês, que dava ao filho uma "mesada" de mais de 15 milhões de ienes (cerca de 110 mil dólares). Eram pessoas que costumavam me lembrar dos poucos milhares de ienes (algumas centenas de dólares) que me mandavam todo mês para minhas despesas básicas. Mas nunca culpei meus pais pelas minhas dificuldades financeiras, afinal, acreditava que o sucesso financeiro era algo que dependia de mim, e eu era grato a eles por me darem a oportunidade de tentar.

A partir dos 20 anos, você precisa se virar na vida com os estudos, os esforços e os talentos que tiver cultivado até então. Hoje sou grato pelas dificuldades financeiras que enfrentei na juventude, pois isso me ajudou a desenvolver um espírito de autoajuda; a falta de recursos serviu como uma força motriz para que eu me esforçasse. Realmente, foi muito bom não ter recebido uma mesada de 15 milhões de ienes, como a do ex-primeiro-ministro do Japão. Se fosse assim, provavelmente, não teria tido motivação para trabalhar.

Quando eu estava na faculdade, sentia com muita intensidade que precisava trabalhar a qualquer custo. Naquela época, meu pai estava perto da idade de se aposentar, e meu irmão mais velho, que estudava Filosofia na Universidade de Quioto, seguia pela vida sem nenhuma renda, com a ideia de se tornar filósofo. Portanto, eu sabia que nossa família iria à ruína financeira, a menos que eu que me firmasse financeiramente, então procurei arrumar um emprego que pagasse um bom salário. De certo modo, resignei-me a isso, mas foi também o que criou uma oportunidade importante para me tornar bem-sucedido. Eu aprendi a transformar a adversidade em oportunidade.

Quanto a mim, escolhi uma ocupação que me permitisse aproveitar ao máximo minhas potencialidades e me oferecesse oportunidades, mas essa decisão foi muito criticada pelas pessoas mais próximas. Mesmo assim, a empresa que me empregou ensinou-me habilidades de alta liderança e me deu a oportunidade de experimentar pessoalmente o treinamento de um executivo corporativo, mesmo que por um curto período de tempo. Talvez a empresa não imaginasse que eu fosse me demitir, mas as habilidades e experiências que adquiri ali foram muito úteis quando fundei minha organização religiosa.

Na empresa comercial em que trabalhei, os novos funcionários eram treinados primeiro para se tornarem especialistas e alocados num cargo específico, por exemplo, no setor de negócios de aço, no desenvolvimento de empreendimentos imobiliários ou na importação de laranjas da Califórnia, por cerca de dez anos. Assim, primeiro eles criavam especialistas. Por esse motivo, os funcionários comuns levavam décadas para ter uma visão geral de como a empresa toda funcionava. Ao contrário deles, a cada ano eu era transferido para um setor diferente, pois a companhia queria me treinar para me tornar um executivo. Essa experiência me permitiu aprender e absorver diversas coisas num curto período de tempo.

Sou sinceramente muito grato aos meus pais por terem me colocado numa situação financeira difícil, porque isso me deu motivação para trabalhar duro, o que, como resultado, me deu uma oportunidade de sucesso.

Quando ainda estava na universidade, pensei em talvez continuar no meio acadêmico como pesquisador, mas não conseguia ver como poderia me sustentar desse jeito, então não tive outra escolha a não ser ir atrás de um emprego com salário melhor. Felizmente, isso funcionou a meu favor, pois me ajudou a ser capaz de gerir uma organização religiosa. Atualmente, nosso grupo está se expandindo em escala global, desenvolvendo templos mundo afora, e era isso o que eu costumava fazer quando trabalhava naquela empresa comercial, isto é, atuar com uma visão global e ampliar a abrangência das atividades ao redor do mundo. Sinto que nossa organização finalmente está expandindo os horizontes de nossas atividades para um nível semelhante ao do mundo que vivenciei naquela companhia.

Sua situação financeira melhora quando você se esforça para beneficiar os outros

Dinheiro não cai do céu. Como já disse repetidas vezes em meus livros, por exemplo em *Mente Próspera*[1], você receberá alguma forma de compensação financeira pelo seu trabalho se ele trouxer benefício aos outros. É assim que funciona neste mundo, não importa qual seja seu setor de atividade.

Em termos simples, o que determina nossa renda não somos nós, mas as pessoas ao nosso redor, nossos clientes e o público em geral. Em tempos de crise econômica, algumas companhias prosperam e outras afundam, e até

---

1 *Mente Próspera* (São Paulo: IRH Press do Brasil, 2019).

dentro de uma mesma empresa alguns funcionários conseguem aumentos e outros não. Essas coisas são determinadas não por você, mas pelas pessoas à sua volta.

Portanto, você absolutamente não precisa lutar desesperadamente para ganhar dinheiro. Tudo o que precisa é se esforçar de modo constante para fazer um trabalho que ajude muitas pessoas. É essencial que você consiga sentir alegria ao ver o sorriso e a felicidade de muitas pessoas, e que encare essa alegria como uma extensão do seu trabalho. É impossível não receber nenhuma recompensa financeira por um trabalho que beneficie os outros e pelo qual muita gente é grata.

Você pode achar que seus produtos e serviços são excelentes e que deveriam estar vendendo mais, mas saiba que o público é bastante exigente. Muitas vezes ouço pessoas usando as oscilações da economia como desculpa pela sua falência. Mesmo no caso de negócios situados numa mesma rua ou área, vemos que alguns fecham as portas e outros se mantêm. E enquanto algumas lojas perdem clientes e saem do mercado, outras aumentam sua base de clientes sob as mesmas circunstâncias. É algo realmente bastante curioso, mas você deve aceitar esse fato com humildade.

Em relação aos problemas financeiros, você não precisa examinar a fundo os fatores específicos e individuais. Desde que sempre tenha o objetivo de fazer um trabalho que ajude e beneficie os outros, sua situação financeira dará uma guinada para melhor, não importa qual seja sua atividade. Se suas circunstâncias presentes já não permitem que você use plenamente suas aptidões ou talentos, você logo se verá abrindo novos caminhos em sua vida. É assim que o mundo funciona.

Sempre há alguém que está observando-o. Se você está realizando um trabalho que beneficia os outros, essas pessoas com certeza chegarão até você para oferecer-lhe ajuda na hora mais apropriada e da melhor maneira possível, para que possa realizar uma tarefa maior. Vou repetir: não há necessidade de se afligir demais com questões financeiras, mesmo que surjam problemas temporários. Se você trabalha com o desejo de beneficiar os outros, confie o resultado à força maior e reze. Com certeza verá um caminho se abrindo à sua frente.

Recentemente, tenho oferecido muitos ensinamentos importantes em nossa organização sobre as leis da prosperidade econômica e da gestão. Talvez seja por isso que, no Japão, empresas e companhias administradas por membros da Happy Science andam aparecendo na tevê e outras mídias como exemplos de negócios com notável crescimento de vendas. Apesar da fase difícil da economia, algumas vêm superando os concorrentes com uma estratégia de ofertas, enquanto outras vencem os rivais com estratégias para agregar alto valor aos seus produtos e serviços.

Na realidade, há muitos negócios se expandindo, apesar dos ventos contrários da recessão econômica, e vários deles estão fazendo pleno uso das diversas táticas das leis de gestão que tenho ensinado. Mesmo no mundo dos negócios, se seus esforços para expandir sua empresa são movidos pela alta aspiração de ajudar a transformar o planeta numa utopia, as pessoas irão reconhecer seu desejo nobre e surgirão vários colaboradores. É assim que eu gostaria que você pensasse.

3
Como eliminar as preocupações com o envelhecimento

Dentre os meus leitores, vejo que há muitas pessoas preocupadas com a velhice. Se perguntarmos a elas qual é o seu maior medo na vida, em última análise, a maioria delas dirá "a morte". O maior medo dos vivos é a morte.

Já falei extensamente sobre o sentido da morte e o que acontece depois dela; ou seja, se você leu meus livros, está livre do maior medo da maioria das pessoas. Aprender as Verdades permite que você vença o medo da morte e o terror de sofrer no Inferno na vida póstuma: os métodos para isso já foram fornecidos. A Happy Science oferece medidas para combater esse medo supremo. E se a morte é seu maior medo na vida, então todo o resto se torna um medo menor. Ao pensar dessa maneira, você conseguirá superar qualquer medo.

Algumas pessoas podem estar preocupadas com as dificuldades que vão enfrentar durante algumas décadas na velhice, talvez porque possuam poucos parentes e não tenham perspectivas de receber apoio financeiro. Talvez até imaginem que podem ficar praticamente sem ter onde morar, e acabem tendo uma morte sofrida, sem possibilidade de receber tratamento médico em caso de doença. Mas não há necessidade de se angustiar com essas preocupações.

Se você tem uma fé forte e reza para poder ter uma vida saudável e ativa até o final e uma morte sem sofrimento, Deus irá levá-lo na hora certa. Quando o Céu decide que é melhor para você não permanecer mais na Terra e que chegou a hora de retornar, você irá embora suavemente, no momento certo. Poderá morrer sem ter de se preocupar com uma possível falta de dinheiro. Tudo o que precisará fazer é deixar dinheiro suficiente para cobrir as despesas do seu funeral. E mesmo que tenha poucas reservas, no final dará tudo certo se todos derem uma pequena contribuição.

Então, por favor, não se preocupe demais pensando que irá sofrer na velhice caso ainda viva por um longo tempo. Se não consegue deixar de se preocupar com isso, lembre-se de que poderá entrar para o grupo que temos na Happy Science chamado "Grupo para Viver até os 100 anos", onde poderá conhecer bons amigos do Darma (companheiros que estudam juntos os ensinamentos da Verdade). Esses amigos irão ajudá-lo se algo acontecer com você. Ao se tornar membro de nossa organização, não precisará mais se preocupar demais com o envelhecimento.

4
Pontos importantes para livrar sua mente do estresse

Desperte para o fato de que sua vida tem um valor inestimável

Vejo muitas pessoas dizendo que não possuem nada, que não têm nenhum bem. Mas isso não é verdade. Na realidade, todo mundo tem um monte de coisas. Por exemplo, nossos relacionamentos são uma dessas coisas. Como já discuti, certos tipos de relacionamento podem se tornar uma fonte de preocupações, mas tenho certeza de que você possui muitos outros tipos de relacionamento que podem ajudá-lo.

Além disso, é muito gratificante ter um corpo físico. Hoje os transplantes de órgãos são uma prática comum. Alguns pais que moram em regiões pobres de países em desenvolvimento vendem os rins, os olhos e outras partes do corpo de seus filhos para sobreviver. Há casos até de pais que cortam um dos braços do filho para que ele possa viver pelo menos como pedinte.

Mas o que você acha que aconteceria se pedíssemos às pessoas de países ricos, como o Japão ou os Estados Unidos, para vender seus braços? Por quanto você acha que estariam dispostas a vendê-los? Você venderia um de seus braços por 1 milhão de dólares ou ambos os braços por 2 milhões, ou os dois braços e as duas pernas por 4 milhões de dólares? Provavelmente não. Isso significa que seus braços e pernas na realidade valem mais do que isso. É uma bênção ser capaz de caminhar com as próprias pernas, comer com as próprias mãos e trabalhar. E se lhe pedissem para vender seu olho direito ou seu cérebro, por quanto você venderia? Acredito que nem sequer cogitaria vendê-los, por mais dinheiro que lhe oferecessem.

Um comentário à parte: quando a ciência médica estiver mais avançada, talvez sejamos capazes um dia de substituir nosso cérebro. Pode chegar o momento em que seja possível remover uma parte danificada de nosso cérebro e substituí-la por outra do cérebro de uma pessoa inteligente, a fim de melhorar nossa memória, por exemplo. Esse tipo de transplante de cérebro pode se tornar corriqueiro entre pessoas que vão prestar o vestibular. Levando em conta todos os progressos atuais da tecnologia médica, talvez isso seja possível já na próxima geração. Pais muito ricos, mas que tiveram um aproveitamento ruim na escola, podem concluir que os filhos não nasceram muito inteligentes e talvez cogitem em substituir o cérebro do filho por outro de uma criança nascida de pais inteligentes. Porém, mesmo que isso um dia se torne possível, não acho que alguém se disporia a vender o próprio cérebro, por mais dinheiro que lhe fosse oferecido. O cérebro tem um valor inestimável.

O que quero ressaltar é que estamos todos vivendo uma vida que tem um valor incalculável, e que na realidade somos abençoados por uma série de coisas. O ar é indispensável a todas as criaturas vivas, e podemos respirá-lo de graça. Imagine como seria horrível se você tivesse de pagar pelo oxigênio que respira ao longo de toda a sua vida. Já imaginou que terrível seria, por exemplo, se o governo criasse um "imposto do oxigênio" a fim de aumentar sua arrecadação? Se o governo decretasse, por exemplo, que o oxigênio do seu território é um bem da nação, os cidadãos seriam obrigados a pagar uma taxa pelo oxigênio que respirassem (se bem que muitos provavelmente iriam embora do país e não restaria ninguém). A luz do sol também é gratuita. Podemos ficar expostos aos raios do sol sem precisar pagar uma quantia por hora. Por isso, peço que se lembre, por favor, de que as coisas importantes aos seres humanos já nos foram concedidas de graça.

Em vez de pensar apenas em si mesmo, deseje a felicidade dos outros

Os seres humanos têm o dever de viver felizes ou se esforçar para ter uma vida feliz. Mas, para ter uma vida feliz, você precisa desejar a felicidade de muitas outras pessoas. É quando você faz isso que consegue se tornar feliz. É difícil ser feliz quando você busca apenas a própria felicidade. Por outro lado, quem deseja levar felicidade aos outros, encontra a própria felicidade. É curioso, mas aqueles que se preocupam apenas consigo não conseguem ser felizes. Talvez você possa entender isso melhor se observar os outros. Aqueles que nunca deixam de se preocupar consigo – isto é, vivem resmungando, reclamando, criticando os outros ou apontando as falhas alheias – não parecem ser felizes.

Essas pessoas não se sentem felizes porque veem as coisas de uma perspectiva egocêntrica. Ao contrário, aqueles que não ficam pensando muito em si mesmos e em vez disso procuram zelar pelos outros e se importam com eles costumam ser felizes. Em termos simples, quem passa muito tempo com pensamentos negativos ou preocupado consigo mesmo não é muito feliz. Quanto mais tempo você dedica aos outros – seja por meio de sua empresa, de atividades religiosas ou de outras realizações – e quanto mais percebe que quase não pensou em si ao longo do dia, mais momentos de felicidade irá experimentar.

Ocupe-se com seu trabalho e termine cada tarefa com rapidez

Para desestressar, é necessário fazer uma pausa de vez em quando. No nosso questionário, também perguntamos como as pessoas aliviavam o estresse, e as respostas dadas incluíam dormir, receber uma massagem, comer uma boa refeição e beber uma quantidade moderada de álcool. Esses métodos comuns de aliviar o estresse geralmente são eficazes. Descansar é outro modo eficiente de aliviar estresse; portanto, descansar um pouco de vez em quando também é muito importante.

Mas há um outro método que eu gostaria de mencionar. Para que você consiga parar de se preocupar com coisas triviais, é importante também manter-se ocupado e ter certeza de que tem coisas para fazer o tempo todo.

Por exemplo, se você focar sua mente nas coisas que precisará fazer no dia seguinte e começar a preparar tudo o que for necessário, não terá muito tempo para se preocupar com outras coisas. É importante nos mantermos ocupados, porque os problemas que perturbam nossa mente costumam parecer maiores quando temos muito tempo ocioso.

No entanto, se você estiver com excesso de trabalho, talvez precise aprender a tomar decisões rápidas, para poder concluir suas tarefas com maior agilidade. Isso vai diminuir a quantidade de trabalho que tem em mãos e criará um estado de "vazio", deixando-o em condições de assumir uma nova tarefa a qualquer hora. Essa é uma boa maneira não só de conseguir uma promoção, mas também de eliminar preocupações. Em geral, quando você é obrigado a lidar com mais de uma tarefa ao mesmo tempo, fica dividido entre demandas conflitantes, portanto afirmo a importância de terminar cada tarefa com a maior rapidez possível. Espero que, praticando os métodos abordados, você seja capaz de ter um sono profundo e reparador.

CAPÍTULO DOIS

COMO MELHORAR SEUS RELACIONAMENTOS

1
Cada um tem uma percepção e compreensão diferente das coisas

Os problemas interpessoais começam com a diferença de percepção

Problemas de relacionamento podem nos causar muito estresse, e talvez nesse momento você esteja procurando uma solução para o seu próprio problema de relacionamento. Eu gostaria de poder falar sobre a sua situação em particular, pois cada um tem dificuldades diferentes e necessidades únicas. Mas os ensinamentos que transmito devem ter um caráter universal. Assim, neste capítulo, vou abordar o tema de um ponto de vista mais geral, para que meus ensinamentos possam beneficiar muitas pessoas.

A primeira coisa que preciso dizer àqueles que estão sofrendo com problemas de relacionamento é sobre a maneira de ver as coisas. O modo de enxergar e de perceber as coisas varia de uma pessoa para outra, e não há ninguém completamente idêntico. E essa é a raiz de todos os nossos problemas nos relacionamentos humanos.

Deixe-me compartilhar com você uma história que ilustra bem o que isso significa. Certa vez, um especialista americano que trabalhava com recuperação de alcoólatras fez o seguinte experimento num seminário. Preparou dois copos, um com água e outro com uma bebida alcoólica forte. Então, pegou uma minhoca viva, colocou-a primeiro dentro do copo com água, e a minhoca se arrastou para fora cheia de energia. Em seguida, colocou a minhoca no copo com bebida alcoólica, e instantes depois ela estava morta.

Com essa experiência, o especialista queria demonstrar os efeitos nocivos do consumo de álcool – mostrar que a bebida tem um poder de destruição suficiente para matar um organismo vivo em poucos instantes. Porém, quando o especialista pediu aos ouvintes que expressassem seus pensamentos sobre o que haviam aprendido com aquela demonstração, um dos pacientes daquele programa de recuperação, para grande espanto do especialista, respondeu: "Bem, agora eu sei que tomar bebida alcoólica vai ajudar a acabar com os vermes da minha barriga".

Sem dúvida, essa é uma interpretação possível do experimento. Pode-se imaginar que, se o álcool é capaz de matar uma minhoca, ele também é capaz de matar vermes no nosso estômago e desinfetar os intestinos. Mesmo assim, tenho certeza de que o especialista ficou abismado com essa resposta, que mostra onde começam a surgir os desentendimentos nos relacionamentos humanos.

Saiba que existem diferentes percepções – seja mais tolerante

As percepções podem diferir muito de uma pessoa para outra, mesmo quando se referem à mesma coisa. As pessoas que causam maior estresse nos relacionamentos são as do tipo egoísta – aquelas que costumam assumir um ponto de vista muito egocêntrico. São elas as que criam os maiores obstáculos a um relacionamento harmonioso. Como ocorreu na história cômica relatada sobre o paciente alcoólatra, realmente existem pessoas que interpretam o mesmo fato de maneira diferente. Ou seja, nem sempre os outros vão entender sua boa vontade e suas verdadeiras intenções. Por exemplo, mesmo que nós, da Happy Science, atuemos na propagação da Verdade com o desejo sincero de salvar as pessoas, podem surgir indivíduos que acabem movidos por algum complexo de perseguição e achem que se trata de uma religião suspeita que quer enganá-los. Desse modo, de fato, diferenças de percepção muitas vezes afetam a dinâmica dos nossos relacionamentos.

Porém, é preciso aceitar o fato de que existem vários modos de perceber as coisas. Se você compreender que as percepções e a compreensão dos demais sobre algo podem ser diferentes das suas, isso ampliará sua visão de mundo e você ganhará maior abertura mental e tolerância em relação aos outros. Se acreditarmos demais que a nossa maneira de enxergar as coisas é a única possível, teremos muita dificuldade em melhorar nossos relacionamentos.

2
Procure ver os pontos fortes dos outros

Não existem pessoas ruins quando nos relacionamos com suas qualidades

Para encontrar o caminho ao longo desta vida que o levará a uma direção positiva, é importante desenvolver o hábito de observar os pontos fortes e os aspectos positivos dos outros. Concentrar-se nos pontos fortes dos outros mostra que não há más pessoas; as pessoas terão uma boa impressão sua por enxergar as qualidades delas e o verão como alguém com quem vale a pena fazer amizade e desenvolver um relacionamento.

Em contrapartida, se você der aos outros a sensação de que está sempre apontando as falhas deles, no final fará com que queiram evitá-lo. Mesmo quando você está certo e isso é um fato de que eles estão cientes, vão querer manter distância de você de qualquer maneira.

Por isso, para ajudá-lo a melhorar seus relacionamentos e fazer mais amigos, é importante desenvolver o hábito de procurar ver os pontos fortes dos outros. Se você decidir com firmeza tornar essa prática um de seus princípios de vida, conseguirá adotá-la com mais facilidade do que imagina. O primeiro passo é querer cultivar esse hábito, para que ele comece a se tornar realidade para você.

Vou repetir: é muito importante esforçar-se para reconhecer as qualidades dos outros. É essencial procurar olhar os pontos fortes de cada pessoa e se concentrar em prestar atenção nas qualidades delas.

Há um aspecto, no entanto, que requer cuidado. Por exemplo, quando você estuda muito para ter boas notas na escola, acaba prestando maior atenção aos detalhes. Isso, porém, também cria a tendência de ficar procurando "pelo em ovo", e, assim, você pode ficar muito minucioso e começar a perceber as falhas e os pontos fracos dos outros. Em outras palavras, ao se tornar mais "esperto", essa sua aptidão facilita detectar com precisão os defeitos dos outros, e isso pode se tornar uma armadilha perigosa.

É claro que um cargo gerencial ou liderança, por exemplo, exige que você saiba identificar as deficiências e fraquezas das pessoas. Bons líderes sabem identificar os pontos em que as pessoas têm dificuldades, mas mesmo assim procuram ajudá-las a se desenvolver e a cultivar seus pontos fortes. Ou seja, líderes que não conseguem identificar as falhas e fraquezas dos outros seriam problemáticos, mas precisamos estar atentos ao fato de que, ao se tornar mais sagaz, uma pessoa também cria maior tendência a procurar fraquezas e aspectos negativos nos outros. E isso os levará a desgostarem de você como indivíduo. Esse é um traço que geralmente não conseguimos reconhecer em nós mesmos, a não ser que outra pessoa note e nos diga. Os jovens especialmente têm essa tendência.

Quanto mais nosso cérebro fica aguçado, sobretudo de forma matemática e científica, mais somos capazes de notar pequenos erros, falhas e defeitos em outras pessoas. Essa tendência dificulta fazer amizades. Então, pessoas com essa característica devem começar a pensar de outra maneira, isto é, devem considerar que elas também cometem erros e fracassam. E quando isso acontece, elas se sentem abençoadas se os outros as tratam com condescendência e aceitação. Mas é preciso saber que isso vale para os outros também.

Relato de uma experiência minha de relacionamento humano

Aqui, gostaria de apresentar uma experiência minha, que envolve um colega do início da minha vida profissional.

Como eu, meu amigo era um ex-aluno da Universidade de Tóquio que falava muito bem inglês; então, nos dias de folga ele costumava frequentar uma roda de conversação em inglês que acontecia numa cafeteria. Naquele tempo, havia uma cafeteria na região de Ebisu, em Tóquio, onde os clientes só podiam falar em inglês dentro do estabelecimento. Ele frequentava o lugar regularmente, porque lá podia praticar conversação em inglês por várias horas, sem gastar muito.

Um dia, esse amigo me convidou para acompanhá-lo. Eu não estava muito disposto a ir, mas de alguma forma ele me pressionou e acabei indo. Lá ele me apresentou a namorada, que ele havia conhecido naquela mesma cafeteria. Já estavam noivos e tinham planos de casar em breve.

Meu amigo me apresentou a ela como seu melhor amigo, e nós três começamos a conversar. Uma hora, porém, meu amigo foi ao banheiro e sua noiva fez-me a seguinte pergunta: "Estou vendo que você é o melhor amigo dele, então eu gostaria muito de descobrir todas as qualidades e também os defeitos dele, antes de casarmos. Você poderia me falar dos pontos fracos dele? Outras pessoas já me falaram sobre as suas qualidades, mas ninguém me apontou ainda os defeitos. Como seu melhor amigo, você deve conhecê-lo bem e adoraria que você compartilhasse isso comigo".

Sempre fui muito direto e franco, desde criança. Sempre falei com muita sinceridade, por achar errado mentir ou não exercitar a honestidade quando alguém deseja saber a verdade. Então, dei a minha opinião sincera sobre os defeitos que via no meu amigo.

Disse a ela: "Bem, primeiro, ele tem o hábito de interromper os outros enquanto estão falando. É um mau hábito que ele deveria tentar corrigir. Segundo, ele tem pouca vitalidade. Não acho um bom sinal ele ficar cansado e exausto tão facilmente, portanto, ele precisaria se fortalecer fisicamente. E ele também tem o hábito de beber em excesso, e gosta de sair para beber todas as noites.

Acho que ele irá manter esse hábito depois de casado, e algumas noites talvez não volte para casa cedo após o trabalho. Por isso, você deve tentar ajudá-lo com esse hábito da bebida". Ela me ouviu muito séria e assentindo com a cabeça enquanto eu relatava essas coisas.

No entanto, depois que fui embora, ela disse ao meu amigo que ele deveria parar de ter amizade com uma pessoa como eu, que era melhor romper o relacionamento de vez. Contou-lhe que eu tinha falado muito mal dele, apesar de ser seu melhor amigo, e acrescentou que não me perdoaria por tudo o que eu havia dito. Essa reação dela me pegou totalmente de surpresa, porque eu não imaginava que ela fosse ver as coisas desse modo.

Apontar as falhas dos outros francamente pode levar ao fracasso nas relações

Quando expliquei ao meu amigo o que havia acontecido, ele me deu o seguinte conselho: "Quando você for contar a outra pessoa os defeitos do seu melhor amigo, tente descrevê-los como se fossem os pontos fortes dele". Achei uma boa sugestão. Por exemplo, em vez de dizer: "Ele tem o hábito de beber demais e sai para beber todas as noites", eu poderia ter dito a ela: "Ele é muito sociável". Ou seja, se eu tivesse dito que um de seus defeitos era "ter uma personalidade sociável", faria meu amigo parecer uma pessoa agradável. E em vez de ter dito: "Ele muitas vezes interrompe a outra pessoa no meio da conversa", eu poderia ter colocado as coisas de outra maneira, dizendo, por exemplo: "Ele tem uma habilidade de comunicação muito boa. Do mesmo jeito que fala bem inglês, é fluente em manter uma boa conversação". E ainda, em vez de dizer: "Ele tem pouca vitalidade, por isso fica cansado e exausto com muita facilidade", eu poderia ter acrescentado que: "Isso é devido ao seu alto poder de concentração".

A questão é que a moça havia pedido que eu apontasse as falhas dele, então acabei sendo direto e sincero demais, o que a deixou brava, a ponto de pedir ao noivo que rompesse a amizade comigo. Lembro que me senti muito mal com esse incidente.

Em resumo, o que quero dizer é que ser honesto não necessariamente faz com que os relacionamentos sejam bem-sucedidos. Todos os relacionamentos do mundo exigem algum tipo de "amortecedor". Sobretudo quando conhecemos alguém pela primeira vez ou numa situação como a que mencionei, é preciso preparar algum tipo de "amortecedor" e tentar perceber aonde a outra pessoa pretende chegar com aquela conversa antes de começar a falar. Essa experiência me fez aprender a não interpretar ao pé da letra o que os outros dizem.

Eu sempre tive um raciocínio rápido desde minha juventude, então tinha facilidade para apontar os defeitos ou erros dos outros se me pedissem para fazê-lo. Mas essa experiência com meu melhor amigo me ensinou que essa habilidade não era algo de que eu deveria continuar me orgulhando.

Ao descrever os defeitos e as dificuldades dos outros, é melhor ser um pouco menos incisivo, mais vago. Procure dar a impressão de que você não tem uma consciência tão clara e precisa dos defeitos dos outros quando está falando com eles, como se não tivesse percebido nada, mesmo que tenha. Ao mesmo tempo, é sempre bom reconhecer os pontos admiráveis de uma pessoa. Por exemplo, diga: "Tal e tal são coisas muito boas que você demonstra ter". Fazer isso pode funcionar de forma muito positiva em seus relacionamentos, e fui compreendendo isso melhor com o tempo.

Quando os jovens enfrentam problemas de relacionamento, muitas vezes é porque apontam de maneira direta demais os defeitos dos outros. É preciso ter um pouco mais de cuidado. Falar mal de alguém pode levar você a se arrepender depois e a se sentir mal com o que fez, embora nem sempre isso denote uma personalidade ruim. Sua capacidade de identificar esses defeitos pode ser fruto do seu raciocínio rápido e da sua habilidade em analisar as pessoas. Quando se tem uma percepção mais apurada, fica mais fácil perceber o que está faltando nos outros.

Para evitar rupturas nos seus relacionamentos, tenha cuidado e avalie bem o momento, a situação e a pessoa com quem você está falando. Gostaria de dizer isso a você. A melhor coisa para construir bons relacionamentos é se esforçar para enxergar as qualidades dos outros. Observe com atenção os pontos fortes das pessoas, e dê apenas uma passada de olhos, de maneira vaga, em seus defeitos. Claro, é melhor estar ciente dos defeitos dos outros do que não os perceber, mas você precisa se esforçar para enxergá-los de uma maneira mais tranquila e despreocupada.

Cuidados ao elogiar alguém

Dando um passo adiante, eu gostaria de acrescentar que, apesar de ser muito importante elogiar as qualidades dos outros, se isso for feito com a intenção de obter algum proveito, acabará prejudicando e destruindo o relacionamento, mesmo que tudo pareça ir bem no começo. Os elogios podem ser muito lisonjeiros e agradáveis para as outras pessoas, o que ajuda a fortalecer o sentimento de amizade delas em relação a você. Mas quando o elogio tem implícito o desejo de ganhar alguma coisa em troca, não há dúvida de que a relação irá por água abaixo. Em outras palavras, saiba que por trás dos elogios não pode haver nenhuma desonestidade ou falsidade, e isso inclui bajular com a intenção de ser bem-visto pelos outros. Quando os membros de uma nova religião famosa hoje abordam as pessoas, costumam começar elogiando-as, mas suas palavras ocultam mentiras. São elogios feitos para tentar convencer as pessoas a se filiarem à sua religião, só que em algum ponto da jornada as verdadeiras intenções vêm à tona.

Se houver no elogio uma motivação ou intenção não declarada de tirar proveito da pessoa, isso fatalmente destruirá o relacionamento. Portanto, devemos ter bastante cuidado. Mesmo que seus elogios funcionem bem no início, cedo ou tarde a pessoa concluirá: "Esse sujeito tem segundas intenções ou só está querendo me usar", e então ela se afastará de você. Devemos dar uma atenção especial à nossa maneira de elogiar as pessoas.

O elogio deve vir do coração. Enalteça com sinceridade os pontos que considera admiráveis no outro, mas não o faça de maneira exagerada, com a intenção de aproveitar-se dele. Se não compreender bem essa parte, você irá sofrer com os desentendimentos na relação. Há casos em que a pessoa simplesmente lhe dirá: "Eu recebia tantos elogios quando nos conhecemos, mas agora o tratamento mudou. O que houve?!", e isso pode azedar a convivência. Não devemos fazer elogios de forma leviana; só devemos elogiar quando isso vem do fundo do coração, sem qualquer pensamento de ganhar alguma vantagem. Esta é uma das maneiras de construir bons relacionamentos.

3
Manter uma distância saudável

Como se dar bem com uma pessoa egoísta

A maioria das pessoas que costumam causar dores de cabeça nos relacionamentos são parecidas com o alcoólatra da história citada, que concluiu que o álcool ajudava a se livrar dos parasitas da barriga. São as pessoas egoístas, normalmente aquelas mais difíceis de lidar e que muitas vezes não conseguimos evitar. Costumam ter uma mentalidade tão cristalizada que dão a impressão de que jamais irão mudar sua maneira de pensar. Em geral, também são orgulhosas, e é difícil que a relação dê certo, pois precisamos fazer com que elas mesmas percebam seus erros.

Podemos concluir que as pessoas que aceitam seus erros quando alguém os aponta não são, em princípio, pessoas egoístas. Já aquelas que têm uma compreensão distorcida das coisas possuem uma tendência egoística. Dificilmente admitem estar erradas quando alguém aponta suas falhas de forma muito direta. Nesse caso, é preciso chamar sua atenção de maneira indireta e fazê-las perceber o próprio erro.

Em outras palavras, os egocêntricos podem perfeitamente mudar sua mentalidade desde que sejam eles mesmos que descubram seus erros. Então, o que podemos fazer é ajudá-los a ver por si mesmos que suas ações estão levando a resultados indesejáveis. Dessa forma, ninguém sairá ferido.

O que pode estragar seu relacionamento com esse tipo de pessoa é forçá-la a se desculpar e prometer que nunca mais cometerá o mesmo erro – algo mais frequente quando se repreende uma criança pequena. Mas esse tipo de repreensão feita a uma pessoa muito orgulhosa pode levá-la a ter uma reação exaltada e arruinar o relacionamento. A melhor abordagem, portanto, é oferecer dicas indiretas e tentar fazer com que a própria pessoa perceba seus erros. Esta pode ser uma abordagem muito sutil e sofisticada, mas é necessária quanto se trata de melhorar seu relacionamento com pessoas muito orgulhosas.

Proteja-se ao lidar com pessoas que tentam impor suas ideias

Não são apenas as percepções distorcidas dos egocêntricos que nos dificultam lidar com eles; são também as tentativas que eles fazem de impor suas opiniões. Por exemplo, o paciente alcoólatra que interpretou mal a demonstração do especialista pode sair espalhando que é necessário ingerir álcool para desinfetar a barriga, e até recomendar a seus amigos e conhecidos que tomem bebida alcoólica todos os dias. Esse é outro problema dos relacionamentos humanos, isto é, como lidar com a pressão indesejada que algumas pessoas fazem para aceitarmos o ponto de vista delas.

Quando você é pressionado a aceitar uma opinião obstinada que outra pessoa defende, sem que ela também leve em conta a sua opinião, é fundamental que você aprenda a impor limites e estabeleça uma distância saudável na relação. Os relacionamentos em geral fluem melhor quando cada parte respeita a independência da outra e lhe dá o devido espaço. Os relacionamentos terminam logo quando um dos lados se torna totalmente dependente do outro ou, ao contrário, quando um lado tenta "dominar" completamente o outro.

Há um tipo de quadro de humor muito comum no Japão, no qual um dos comediantes sempre faz o papel do bobo e o outro fica corrigindo todos os erros do parceiro. Isso pode ser divertido no contexto de um quadro de humor, mas, numa situação real, esse tipo de relacionamento está fadado a ter vida curta.

Se você está numa situação na qual costuma ver-se forçado a aceitar o ponto de vista da outra pessoa e sofre com isso, precisa proteger-se de alguma maneira. Pense consigo: "Vou permitir a entrada das opiniões dessa pessoa, mas só até certo ponto. Passando dele, ela estará invadindo meu espaço pessoal, que é meu território particular. Não posso dar permissão para que alguém mude ou controle esse meu espaço". Proteger seu espaço interior de intrusões é essencial. Desse modo, você se sentirá mais confortável quando for trocar opiniões sobre outros assuntos que estão fora desse território pessoal.

A independência mútua e uma distância saudável entre as partes são os segredos para um relacionamento duradouro. Portanto, precisamos decidir de que modo vamos nos relacionar com os outros, dependendo do quanto se mostrem rígidos em defender as próprias ideias e percepções.

Evite ser invasivo

O povo hospitaleiro do interior do Japão acolhe muito bem os visitantes em suas casas. Mas, quando viajamos a esses lugares, é sempre bom não levar esse acolhimento ao pé da letra, sem restrições. Se fizermos isso, poderemos nos surpreender ao encontrá-los comentando, em segredo, o quanto somos abusados e intrometidos. Aqueles que não conhecem esses costumes acabam interpretando ao pé da letra a hospitalidade oferecida, mais do que o previsto na intenção original.

Por exemplo, você pode aceitar de bom grado o convite para almoçar e depois concordar em ficar para o jantar também. Só que mais tarde descobrirá que sua atitude foi considerada muito atrevida por aceitar duas refeições antes de ir embora. Desse modo, é essencial que você descubra a medida certa nas relações pessoais.

Em Quioto, por exemplo, quando você pergunta a seus convidados se eles gostariam de comer um *ochazuke* (chá verde despejado sobre o arroz), está na verdade insinuando que é hora de os convidados se retirarem. Esta é a maneira educada e indireta que utilizam nessas situações. Se a visita não conhece esse costume, fica tentada a aceitar o convite. A perspectiva de provar os famosos legumes em conserva de Quioto, que costumam acompanhar o *ochazuke*, pode ser especialmente sedutora, e é fácil acabar cometendo erros desse tipo.

Como as pessoas daquela região têm modos refinados, dificilmente demonstram algum constrangimento, e podem até manter uma conversa amável e dizer: "Estes legumes em conserva são uma delícia mesmo, não é?" "Este chá é feito com as famosas folhas de chá da região de Uji". Mas não deixe que isso o confunda. Se perguntarem: "Gostaria de ficar e tomar um pouco de *ochazuke*?", lembre-se de que essa é uma maneira sutil de indicar a você que é hora de partir. Então, basta responder educadamente: "Muito obrigado, mas já está na hora de eu ir embora". E vá. Nem sempre é fácil saber como agir adequadamente nesse tipo de situação social.

4
Três pontos-chave para melhorar seus relacionamentos

Entenda que as percepções variam muito

Vou resumir o que discuti até aqui neste capítulo. O primeiro aspecto básico para construir relacionamentos harmoniosos é compreender que existem diferenças individuais nas percepções e maneiras de pensar. Quando supomos que os outros veem as coisas do mesmo jeito que nós, que pensam igual, acabamos semeando a discórdia nos relacionamentos. Ao contrário, ter consciência dos diferentes enfoques e pontos de vista das outras pessoas nos permite cultivar maior tolerância e compreensão.

Valorize as qualidades dos outros

O segundo ponto que mencionei foi a necessidade de nos esforçarmos para identificar e valorizar as boas qualidades e pontos fortes das outras pessoas, em vez de seus erros e defeitos. Não fique apontando as falhas e deficiências dos outros, como se quisesse mostrar o quanto você é inteligente. Para ser bem-sucedido nesses esforços, você precisa primeiro decidir ser assim.

No entanto, se estiver numa posição gerencial ou em algum outro cargo de influência e não perceber os erros e defeitos dos outros, você terá maiores dificuldades para cumprir suas responsabilidades. Nesse caso, é necessário que saiba enxergar com clareza os pontos fracos dos outros. Mas, quando tiver de chamar a atenção de alguém para os seus defeitos, deve fazer isso de maneira indireta, criando condições para que a própria pessoa identifique seus erros. Se conseguir fazer com que ela pense que percebeu o erro por conta própria, ninguém sairá ferido. Repreender as pessoas severamente e forçá-las a corrigir suas fraquezas é tratá-las como crianças, e isso pode causar uma rachadura em seus relacionamentos. De maneira geral, procure perceber os pontos fortes das pessoas e colocar suas boas qualidades em prática.

Quero acrescentar que podem também ocorrer atritos entre as pessoas que você elogia. Você precisará lidar com isso definindo suas prioridades com muito cuidado. Se você acredita que determinado funcionário tem as melhores ideias para determinado projeto, escolha-o para a função. Avalie com cuidado cada projeto e determine quem é a pessoa com as qualidades mais adequadas a ele.

Reconheça-se como indivíduo independente e respeite o espaço alheio

O terceiro ponto que discuti foi a necessidade de todos respeitarem uns aos outros como indivíduos independentes e com uma personalidade única. Esse reconhecimento mútuo é vital para cultivar um bom relacionamento. É importante construir a relação respeitando o pensamento independente e o espaço pessoal daqueles com os quais você convive.

5
Cultive um coração que abençoa os bem-sucedidos

"Caranguejos dentro do balde" –
os valores da sociedade japonesa

Até aqui, descrevi como as pessoas podem melhorar os relacionamentos em geral, e agora eu gostaria de acrescentar algumas reflexões a respeito de um problema peculiar que tenho visto surgir nos relacionamentos entre os japoneses. No Japão, os valores igualitários foram estabelecidos há muito tempo, e suas raízes podem ser encontradas nas sociedades agrícolas. Nelas, as pessoas que se destacam dos demais tendem a ser malvistas. Basicamente, essas sociedades favorecem as pessoas que conseguem viver do mesmo modo que as outras e se harmonizar com elas. E esse é o modelo original da sociedade japonesa. É um país que, muitas vezes, nutre sentimentos de antipatia por aqueles que são diferentes e deixam as pequenas comunidades para continuar em busca do sucesso.

É por isso que o povo japonês já foi comparado a caranguejos dentro de um balde. Os caranguejos tentam escapar do balde, mas quando um deles chega ao topo e está prestes a ter sucesso na fuga, vem outro e o agarra com suas pinças e o puxa de volta para baixo. Se esse outro caranguejo faz a mesma tentativa de ser bem-sucedido, também é puxado para baixo.

Muitas pessoas gostariam de se lançar no mundo e conquistar o sucesso, mas, quando não conseguem, não suportam ver os outros terem sucesso, então tentam derrubá-los. Como resultado, ninguém consegue alcançar o sucesso. Se todos pudessem juntar seus esforços, muitos poderiam ser bem-sucedidos, mas essa tentativa não é feita. É uma característica da sociedade agrícola japonesa.

A base dessa maneira de pensar vem da antiga crença de que a abundância de uma colheita não tem a ver com o esforço ou a capacidade individual, e sim com as bênçãos da Mãe Natureza. É devido a essa crença que a pessoa que se mostra excepcional e tenta escapar do "balde" não é perdoada pelos demais "caranguejos" e acaba sendo puxada para baixo por eles. Esta é a realidade das sociedades agrícolas do Japão.

Em certo sentido, essa perspectiva de igualdade é uma forma mais elaborada de inveja consolidada. Em outras palavras, uma sociedade que não permite que as pessoas sejam diferentes umas das outras pode acabar transformando a inveja num desejo de igualdade prejudicial.

A questão é que, na nossa era atual de tremendas mudanças, mesmo essas áreas rurais precisarão se libertar dessa cultura. Em vez de impedir os caranguejos de saírem do balde, aqueles que conseguirem chegar até a borda deverão empurrar os demais para fora. Desse modo, serão capazes de ajudar os outros a sair do balde, um por um. Essa é a perspectiva celestial pela qual devemos encarar as coisas. Além disso, pensar em maneiras de ajudar cada pessoa a crescer e se elevar em vez de puxá-la para baixo leva a uma mentalidade que abençoa os bem-sucedidos.

Na realidade, a analogia dos caranguejos no balde refere--se a descendentes de japoneses no Havaí, e a característica que essa analogia descreve também foi identificada em brasileiros de origem japonesa. Isso significa que mesmo os japoneses que moram em outro país têm perpetuado a cultura de derrubar aqueles que querem se destacar. Ao que parece, a genética japonesa é incrivelmente resiliente! Esse traço de não perdoar os "caranguejos que saem do balde" parece persistir entre descendentes de japoneses que falam outra língua e vivem num país estrangeiro. Ainda me lembro de um livro que li que dizia que os descendentes de japoneses no exterior tinham essa tendência, e essa analogia ajudou a abrir meus olhos em algum momento da minha juventude.

Um coração que abençoa os bem-sucedidos leva ao sucesso pessoal

Como disse, construir uma cultura na qual os bem-sucedidos ajudam a puxar os demais para o sucesso tem como consequência um aumento no número de pessoas bem-sucedidas, e a sociedade como um todo fica enriquecida.

Eu gostaria de dar um conselho àqueles que enfrentam esse problema peculiar da cultura japonesa. Essa mentalidade dos caranguejos que puxam os outros para baixo talvez seja o ponto de partida da sociedade igualitária do Japão, mas hoje, nesses tempos de tantas mudanças, é melhor cultivar um coração que abençoe e reconheça aqueles que são bem-sucedidos. As pessoas que você abençoar, por sua vez, vão retribuir estendendo-lhe uma mão amiga no futuro. Ou talvez aqueles que saíram de sua terra natal em busca de sucesso possam retribuir fazendo contribuições à sua cidade natal. Se você perceber que tem tendência a falar mal daqueles que alcançaram sucesso, precisa rever essa mentalidade e mudá-la.

O que acabei de relatar é algo que se aplica a todos os japoneses. A atitude mental de puxar para baixo os bem-sucedidos é uma característica que pode ser encontrada em todo o Japão, desde as sociedades rurais até os legisladores. É um costume desejar que não haja pessoas que se destaquem das demais.

Se você quer de fato enriquecer seu país e incentivar uma grandeza verdadeira, não se esqueça de cultivar um coração que abençoa os outros. Essa ideia de um coração de bênção pode soar cristã, e acredito que esse tipo de coração de certo modo falta no povo japonês. Portanto, eu gostaria que você soubesse que os bem-sucedidos são aqueles que foram abençoados pela graça de Deus, e ao abençoar essas pessoas você também se permite receber as graças divinas.

CAPÍTULO TRÊS

UM CORAÇÃO QUE ABENÇOA

1
Quem sempre fala mal dos outros não consegue ser feliz

A estreita relação entre o coração que abençoa e a minha iluminação

Neste capítulo, eu gostaria de falar sobre o coração que abençoa, algo que tem uma relação profunda com a iluminação que alcancei na juventude. Abençoar é um ato de cumprimentar outras pessoas ou rezar por sua felicidade. Abençoar é uma palavra que tem uma conotação cristã, e eu poderia utilizar uma expressão mais budista, como "um coração que elogia", mas prefiro usar "abençoar" por ser um termo mais comum.

O verbo "abençoar" tem também um significado muito importante para mim em termos pessoais. Quando jovem, eu era bastante sensível e tinha um coração de poeta. Costumava me magoar facilmente com as palavras dos outros e também sentia intensamente a dor das outras pessoas, e essas coisas muitas vezes me atormentavam e faziam meu coração sofrer. "Um coração que abençoa" foi uma das expressões que encontrei naquela época.

As influências de uma sociedade competitiva nos níveis geral e individual

Como sabemos, a sociedade atual tornou-se altamente competitiva. Quando analisada de uma perspectiva mais abrangente, a competição em si é um princípio que ajuda as pessoas a se esforçarem para melhorar, ou ainda, leva-as a buscar o crescimento e alcançar a felicidade. Assim, podemos admiti-la como um sistema social no qual muitas pessoas competem entre si em vários aspectos da vida, como na escola, nos esportes, no trabalho e nos ganhos financeiros. Se não houvesse competição na sociedade, seria mais provável que ocorresse corrupção e decadência, levando a sociedade a ficar estagnada e inibindo a evolução das almas. Portanto, no aspecto mais geral, penso que uma sociedade competitiva é benéfica para a humanidade porque ela consegue trazer à tona a força intrínseca de cada um.

Na realidade, porém, viver numa sociedade competitiva significa que muitas vezes passaremos por situações que nos magoam, criam contratempos e nos fazem sentir inseguros, infelizes e desamparados. Tanto as crianças quanto os adultos envolvem-se a toda hora em circunstâncias marcadas pela competição. Como resultado, em comparação com o que ocorria há uma ou duas gerações, a sociedade vem evoluindo, e o nível geral de felicidade parece ter aumentado; então, de um ponto de vista mais amplo, acho que devemos reconhecer que esse é um aspecto positivo. No entanto, alguns aspectos desse sistema podem funcionar negativamente no nível individual, e não se pode deixá-los do jeito que estão.

A tendência a falar mal é fortemente influenciada pela mídia

Na sociedade atual em particular, há uma tendência a fazer com que algumas pessoas se tornem alvo público de críticas e acusações. A televisão influencia muito a criação dessa tendência. Se você prestar atenção ao que dizem apresentadores e humoristas populares em programas de tevê, verá que vários deles desmerecem, criticam e falam mal de pessoas como uma forma de arrancar risadas do público. Esse tipo de piada parece ser uma tendência dominante agora, e não importa quem seja o apresentador, todos parecem adotar o mesmo padrão de querer fazer o público rir ao escolher uma pessoa para ridicularizar.

Esse recurso permite que tanto o apresentador quanto o público se sintam revigorados e, nesse sentido, é uma maneira de atender às demandas da sociedade para aliviar o estresse. Muitas vezes utiliza-se a abordagem "pão e circo", na qual o apresentador interpreta um circo, ou espetáculo, com a intenção de fazer as pessoas se sentirem melhor ao recorrer a falas abusivas para "destratar" determinadas pessoas. Não vou mencionar nomes de celebridades específicas aqui, mas muitos artistas recorrem a isso com a intenção de ganhar popularidade e conquistar uma reputação favorável.

As crianças que assistem a esses programas na tevê aceitam essas atitudes e as imitam. Na escola, falam mal dos colegas e depreciam os outros, envolvem-se em batalhas de xingamentos e ficam se desmerecendo mutuamente, achando esses comportamentos engraçados ou divertidos. É uma tendência amplamente disseminada na sociedade atual. Como consequência, aquelas crianças que têm uma atitude diferente – expressando-se com boa educação e gentileza e se esforçando para não falar mal dos outros – são tratadas como "esquisitas" e costumam virar alvo de agressões, calúnias e *bullying*. Às vezes, elas acabam tendo de se defender e revidam essa linguagem abusiva dos seus agressores com palavras ainda mais duras.

O mesmo princípio está presente nos relacionamentos entre alunos e professores. Comportamentos violentos, como agredir verbalmente os professores ou causar problemas e fazer bagunça nas aulas, tornaram-se comuns nas escolas. Na realidade, esses incidentes resultam sobretudo da adoção de linguagem e comportamentos alterados, desordeiros.

Não será fácil reverter essa tendência, porque muita gente encara comportamentos desse tipo como aceitáveis ou até "positivos". Mesmo jornais e programas de tevê que seguem uma linha relativamente mais conservadora usam essa abordagem dominante de falar mal das pessoas.

Essa tendência pode ser benéfica quando usada para denunciar ou se contrapor a pessoas que mentem, enganam e cometem atos reprováveis, ou para afastar o mal e combater as injustiças. Podemos ver que há um certo senso de justiça nisso.

Na realidade, no mundo moderno a denúncia está relacionada aos primórdios da democracia. A era da democracia começou com o uso da condenação como uma maneira de expulsar reis e imperadores tirânicos ou corruptos, por isso não podemos rejeitar por completo a condenação. As críticas legítimas são necessárias. Mesmo assim, tenho minhas dúvidas quanto a disseminar e apoiar a maledicência como uma boa prática.

Falar mal dos outros é sinal de infelicidade

As pessoas que sempre falam mal dos outros não são felizes. Você provavelmente perceberá isso ao observá-las. Quando estamos repletos de felicidade, simplesmente não conseguimos continuar a dizer coisas negativas a respeito dos outros. Portanto, falar mal é a prova de que estamos infelizes. Alguém que tem o hábito de criticar os outros de antemão, fazer comentários depreciativos assim que encontra uma pessoa ou expressar de forma verbal sentimentos de ciúmes, inveja e ressentimento, simplesmente não é uma pessoa feliz.

Essas pessoas muitas vezes estão presas num círculo vicioso: falam mal dos outros porque estão infelizes, e o fato de ficarem falando mal dos outros as torna ainda mais infelizes. E só serão capazes de encontrar felicidade se corrigirem essa tendência. Você entenderá por que esse hábito de falar mal dos outros torna essas pessoas infelizes se conseguir se imaginar em meio a esse círculo. Com certeza você vai preferir fazer amizade com pessoas que o elogiam, e não com aquelas que fazem comentários depreciativos abertamente a seu respeito. Seria necessária uma dose considerável de resiliência, perseverança e tolerância para permanecer amigo de alguém assim. Podemos afirmar que é difícil continuar amigo por muito tempo de pessoas que falam mal de você toda vez que se encontram.

Talvez os jovens sejam mais inclinados a adotar um tom brincalhão nos relacionamentos, que envolva um ficar provocando o outro. Mas, quando chegamos a um certo estágio da vida adulta, é cada vez menor o número de pessoas que aceitam essas expressões verbais depreciativas como simples brincadeiras, e isso dificulta cada vez mais ter amizades adultas normais.

Como seres humanos, queremos ser amigos de pessoas que nos elogiem, e não de pessoas que façam comentários irônicos ou negativos a nosso respeito. Assim, aqueles que insultam os outros o tempo inteiro estão basicamente dizendo que não querem ser amigos de ninguém. Falar mal é como recusar-se ostensivamente a ser amigo de alguém.

Sem dúvida, essa atitude é muito triste e solitária. E mesmo que a pessoa queira abandonar esse hábito, não conseguirá fazê-lo da noite para o dia, sobretudo aqueles que ainda estão na adolescência ou com vinte e poucos anos.

Visões subjetivas e egocêntricas levam a comentários depreciativos

Mas a primeira questão que surge é: o que leva as pessoas a falarem mal dos outros? Por que se referem às outras dizendo coisas ressentidas, raivosas e horríveis? Se fizermos uma autoanálise, veremos que muitas vezes dizemos coisas negativas quando estamos muito magoados. É natural ficarmos ressentidos quando os outros nos dão uma bronca, falam mal de nós ou nos desmerecem. Mas também nos sentimos mal apenas quando deixamos de receber os elogios que esperávamos receber, e até mesmo quando vemos outras pessoas sendo elogiadas.

Os jovens são particularmente egocêntricos a este respeito. Costumam não ser capazes de avaliar sua situação de modo objetivo e tendem a pensar e agir com base em suas emoções ou em suas visões subjetivas e egocêntricas. Por isso, os jovens são vistos como extremamente egoístas pelos adultos, e de fato a maioria deles é assim, embora haja exceções.

No entanto, os jovens encaram sua atitude egocêntrica como um sinal de transparência. Tendem a glamourizar a si mesmos, e acham que quando usam termos ríspidos e depreciativos ao lidar com os outros estão apenas sendo autênticos e sinceros. Só que, com isso, perdem amigos e se isolam, sentindo-se cada vez mais solitários e tristes. Ademais, é bem pouco provável que aconteçam coisas boas com esse tipo de pessoa, e isso pode levá-las a se alienarem ainda mais e se sentirem mais sozinhas, alavancando o seu sofrimento.

Além disso, as pessoas que têm essa tendência negativa de menosprezar os outros costumam ter dificuldade em aceitar as coisas boas que acontecem com elas e tendem a negá-las. Mesmo que algo positivo aconteça, elas estão inclinadas a analisar o evento como algo que está indo em direção contrária à felicidade e têm pensamentos como: "Deve haver algo mais em jogo do que aquilo que é visível", "Isso é apenas temporário, e vou me decepcionar logo em seguida", "Talvez seja algum tipo de armadilha", "Devem estar caçoando de mim" ou "Esse tipo de coisa simplesmente não acontece comigo. Então, não vou acreditar, a não ser que se repita um monte de vezes. Não acredito em coisas que acontecem uma única vez".

Esses indivíduos abrigam pensamentos que os levam à infelicidade e desenvolvem uma personalidade solitária, frágil e infeliz. Acabam criando um mundo obscuro e muito pequeno à sua volta. Lamentavelmente, essas pessoas muitas vezes criam um círculo vicioso de magoar os outros e causar-lhes sofrimento, que volta para elas e lhes traz mais infelicidade.

Por que é preciso o amor além da liberdade e igualdade

Como mencionei, uma das causas subjacentes desse comportamento é o próprio ambiente da sociedade moderna, muito competitiva e que cria vencedores e perdedores em quase todas as situações. Porém, mesmo numa sociedade completamente igualitária, na qual não houvesse vitórias ou derrotas, ainda haveria exclusão social, porque as pessoas começam a rejeitar aqueles que se mostram de algum modo diferentes, mesmo que as diferenças sejam leves. Isso ocorre não só no mundo dos negócios, onde as corporações competem umas com as outras, mas também nas pequenas comunidades agrícolas, nas quais as pessoas tentam puxar para baixo quem se sobressai e levar ao ostracismo aqueles que estão abaixo da média.

Em outras palavras, tanto em sociedades livres e competitivas como nas igualitárias e não competitivas, as pessoas aplicam um princípio semelhante àqueles indivíduos que são diferentes dos demais. Esse princípio de excluir pessoas diferentes parece funcionar não só quando o princípio governante é a liberdade, mas também quando a igualdade é o valor orientador.

Você provavelmente já conhece o lema: "Liberdade, igualdade e fraternidade". Na realidade, embora as ideias de liberdade e igualdade possam beneficiar certo grupo de pessoas, também podem ser usadas para levar ao ostracismo, perseguir e excluir outras. É por essa razão que precisamos cultivar um coração que ama um amplo espectro de pessoas e um espírito de amizade. Nesse sentido, o essencial é não perder de vista que é o princípio do amor que deve criar harmonia entre as pessoas.

Sua maneira de pensar tem o poder de transformá-lo

A palavra "abençoar" já me era familiar, mas foi apenas por volta dos 20 anos que passei a considerá-la em relação a mim mesmo, a pensar sobre ela e acolhê-la. Foi quando decidi mudar minha maneira de viver e de pensar. Desse modo, fui capaz de mudar consideravelmente a mim mesmo e, com base na minha experiência, compreendi que nossos pensamentos têm o poder de nos transformar.

Algumas pessoas podem dizer que sua tendência a falar negativamente sobre os outros é algo herdado geneticamente dos pais e que já nasceram com isso, ou que é um atributo cultural adquirido pelo fato de terem crescido numa sociedade na qual esse comportamento é comum. Sem dúvida, somos profundamente influenciados por nossa família, pela vida escolar, pela comunidade e por outras circunstâncias, à medida que construímos nosso caráter nos primeiros vinte anos de nossa vida.

Mas constatei que as pessoas podem se transformar quando mudam sua maneira de pensar, e foi assim que compreendi que os pensamentos têm esse poder. Essa compreensão tornou-se um princípio básico de meu trabalho. Hoje, como líder religioso, minha principal tarefa é dar palestras sobre as Verdades, mas, se minhas palestras não tiverem o poder de transformar as pessoas, elas serão infrutíferas, não importa quantas palestras eu realize.

Eu consegui mudar a mim mesmo quando compreendi e aceitei um certo tipo de pensamento, e então me esforcei para mudar minha maneira de pensar — talvez não tenha mudado por completo, mas pelo menos fui capaz de reconhecer que havia mudado, o que me fez acreditar que a mesma mudança poderia ocorrer também com os outros.

No budismo, essas experiências são vistas como um tipo de iluminação, ou, dito de outro modo, como palavras de sabedoria que abrem nossos olhos e nos guiam pela vida. Você não conhece o poder dessas palavras até tomar consciência delas, mas depois disso elas têm o poder de transformá-lo numa pessoa totalmente diferente e dar-lhe uma nova vida. Essa experiência teve imenso impacto em mim.

2
Comparar-se com os outros é a causa dos sentimentos de infelicidade

É fácil sentir inveja, mas abençoar os outros exige esforço

Os indivíduos mais vulneráveis muitas vezes não conseguem se imaginar felizes, então tentam disfarçar ou compensar sua sensação de infelicidade fazendo com que os outros se sintam infelizes. Mas isso só os mantêm presos no atoleiro que eles mesmos criaram. O que eles precisam compreender é que sua infelicidade tem raízes na sua tendência de se comparar com os outros.

Claro, é impossível sermos exatamente iguais. Algumas pessoas são superiores a outras em certos aspectos. E, às vezes, podemos nos encontrar no fundo do poço nesse momento, enquanto outras pessoas estão no auge ou em uma onda de sucesso. Por uma série de fatores, que incluem oportunidade, capacidade e circunstâncias, os talentos de algumas pessoas florescem em determinado ponto e agora elas se encontram em uma fase feliz da vida, saboreando o sucesso. E sentir inveja do sucesso delas é provavelmente uma reação instintiva.

Uma constatação básica é que somos capazes de sentir inveja sem precisarmos nos esforçar. É curioso, mas temos a capacidade de ficar enciumados mesmo que ninguém tenha nos ensinado isso. As crianças pequenas têm ciúmes de seus irmãos mais velhos ou mais novos, quando veem que os pais os tratam de modo diferente. A inveja é um sentimento que todo mundo tem condições de experimentar instintivamente, sem que ninguém ensine ou sem fazer qualquer esforço para aprender.

Em contrapartida, precisamos desejar muito cultivar um coração que abençoa, seja aprendendo com outras pessoas ou descobrindo por nós mesmos uma ideia de como deve ser isso. Ao contrário da inveja, que sentimos naturalmente, precisamos aprender a cultivar um coração que abençoa, que congratula o sucesso dos outros ou reza pela sua felicidade. Só entendemos a ideia de abençoar e o quanto ela é relevante fazendo um esforço para aprendê-la.

O cristianismo ensina a abençoar os outros como um de seus preceitos, mas mesmo quem não é cristão pode aprender a abençoar, encarando isso como um ensinamento moral dado pela família, por professores ou amigos.

Aqueles que têm experimentado profundas mágoas e por isso desenvolveram uma tendência a falar mal dos outros podem achar, a princípio, uma hipocrisia "abençoar" os outros. Para eles, congratular alguém soa como uma palavra vazia e superficial, proferida por alguém de coração sombrio. Mas não há hipocrisia em abençoar os outros, e é melhor que você saiba que isso é uma verdade.

Abraçar seu ideal é uma das artes para alcançar a felicidade

É da natureza humana sentir inveja dos outros e querer derrubá-los ou falar mal deles. Mas, se conseguirmos nos conter e reconhecer as qualidades mais destacadas, as habilidades, os esforços realizados e as grandes conquistas dos outros, é sinal de que superamos nossas próprias barreiras e conseguimos crescer. Significa também que desenvolvemos um olhar que nos permite ver a excelência e as virtudes dos outros e, portanto, que nos tornamos generosos. As pessoas se dispõem a trabalhar duro e às vezes até arriscam a própria vida por uma pessoa que tenha reconhecido suas capacidades. O reconhecimento é poderoso. Todos nós buscamos reconhecimento, mas não é algo fácil de se obter. Mesmo assim, devemos estar cientes de que as outras pessoas também buscam isso.

Portanto, em vez de negar categoricamente as qualidades dos outros com base numa visão subjetiva, precisamos compreender primeiro a importância da mentalidade de reconhecer as qualidades dos demais.

Quando você parar de enxergar os outros de um ponto de vista subjetivo e começar a olhar de maneira mais objetiva – com os olhos de um ser humano que nasceu na mesma época, ou do ponto de vista da escolaridade, do trabalho, ou da sociedade como um todo –, é provável que perceba as qualidades ou os esforços das pessoas. E se você conseguiu percebê-los, é importante que simplesmente os reconheça como tais com franqueza.

Cultivar essa capacidade proporcionará crescimento para você e também para a outra pessoa. Esta é uma aptidão maravilhosa. Ao reconhecer as qualidades e atributos positivos das outras pessoas, você cresce. Para ser honesto, eu não compreendia isso muito bem quando era jovem.

Por outro lado, aqueles que não veem nenhum problema em falar mal dos outros é porque basicamente acham que não precisam fazer nenhum esforço para melhorar. Quando você vê alguém recebendo elogios por ter tirado uma boa nota numa prova, pode se referir a essa pessoa de várias maneiras. Por exemplo, você pode dizer: "Na realidade ele é meio burro, não é tudo isso". Ou menosprezar suas capacidades dizendo: "Isso foi por acaso. Pura sorte", "Ele não fez esforço nenhum. Os pais dele são inteligentes, só isso" ou "Ele era o queridinho do professor". Mas, se você reconhece que a pessoa obteve um bom resultado no exame dizendo: "Que incrível!", sua afirmação se torna uma força motriz que eleva tanto você quanto a pessoa. Acolher seu ideal significa que você reconhece a direção que está buscando e isso significa uma mudança em si próprio.

Quando você reconhece as qualidades dos outros como seu ideal, as pessoas se abrem para você e passam a lhe dar conselhos e orientações. Recomendo que todas as pessoas procurem ter consciência desse princípio. Os jovens têm mais dificuldade para superar seus sentimentos de ciúmes e aceitar as qualidades dos outros, por isso devem pelo menos estar cientes desse princípio e vê-lo como uma das artes para alcançar a felicidade.

Ao elogiar os outros, diga apenas o que acredita ser verdade

Claro, existem maneiras erradas de elogiar as pessoas. Por exemplo, é errado elogiar os outros para obter alguma vantagem ou fazer comentários superficiais para lisonjeá-los. Esse tipo de elogio talvez até possa ser usado para alguém que você vê muito raramente ou nunca mais encontrará de novo, mas se disser coisas nas quais não acredita para pessoas com quem tem relacionamentos duradouros, elas acabarão descobrindo sua falta de sinceridade e concluindo que eram comentários levianos, desonestos, coisas ditas por dizer. Como uma reação a isso, elas não irão mais acreditar no que você diz. É uma grande perda sermos vistos como alguém que traiu ou mentiu de alguma forma.

Portanto, ao elogiar alguém procure se certificar de que você está dizendo mesmo a verdade, expressando o que realmente sente. De qualquer modo, lembre-se de que não é uma boa ideia elogiar as pessoas com a intenção de mentir para elas ou de enganá-las. Pode ser difícil elogiar tudo sobre uma pessoa, mas sempre é possível encontrar aspectos louváveis e ressaltar isso.

Vamos pegar o exemplo de duas mulheres, uma muito bonita e a outra nem tanto, que tenham em comum o desejo de se casar. Não é necessariamente verdade que a mulher mais bonita vai se casar primeiro. Mas, se a não tão bonita se casar antes dela, será que a de melhor aparência conseguirá abençoá-la? Talvez seja inerente à natureza humana que ela sinta vontade de perguntar como alguém como a outra conseguiu se casar primeiro. Mas isso só confirmaria que ela é uma pessoa comum.

Uma mulher realmente bela e dotada de um coração íntegro terá confiança de que acabará encontrando alguém bom para ela e irá se casar. Por se sentir tranquila e à vontade com isso, ficará feliz ao ver alguém se casando, mesmo que essa pessoa seja menos atraente que ela. Poderá congratular a noiva com sinceridade dizendo: "Que maravilha! Estou muito feliz por você".

Desse modo, além de manter sua amizade, essa atitude fará com que sua beleza brilhe ainda mais. Uma mulher linda dotada de uma boa natureza ganha maior consideração ainda. Além do mais, ninguém gosta de uma mulher com um coração amargurado, por mais atraente que seja sua aparência.

As mulheres que têm muito desejo de se casar podem não se sentir felizes quando vão ao casamento de outras mulheres. Mas devem se esforçar para colocar de lado seus desejos pessoais e procurar olhar a situação de forma objetiva, pensando: "Ela é de fato sortuda e teve a felicidade de se casar. É muito bom ver uma conhecida minha casando". Isso tornará mais fácil cumprimentar e elogiar a noiva sem abrigar sentimentos negativos.

Oferecer esses cumprimentos irá beneficiar tanto a pessoa que os recebe, já que foi abençoada, quanto a que os oferece. Uma pessoa que consegue fazer elogios assim é maravilhosa; os demais notarão esse fato e sentirão desejo de proporcionar felicidade a ela.

A mesma coisa ocorre nos estudos. É natural que alguns indivíduos obtenham boas notas e outros não, e às vezes você pode ir muito bem em provas e avaliações, outras vezes não. No entanto, não é bom tentar diminuir o mérito de alguém que tenha tido sucesso ou depreciar quem tira notas baixas dizendo, por exemplo: "Como era de se esperar!".

Mesmo que você seja inteligente e vá muito bem nos estudos, se falar mal de outros que obtêm resultados melhores que os seus ou tratar com desprezo quem tirou notas mais baixas, ninguém desejará vê-lo como líder. Aqueles que honestamente reconhecem o mérito de uma pessoa que tira boas notas e dizem: "Você foi muito bem. Incrível. Que método você usou para estudar?" são pessoas generosas e magníficas.

Ao contrário, quando alguém consegue resultados ruins, não é um comportamento admirável dizer coisas como: "Isso é o máximo que você consegue", ou "Nossa, sua nota ruim me fez sentir melhor!", tampouco faz bem à própria pessoa expor esse tipo de comentário, mesmo que ela esteja sendo sincera e se sinta aliviada ao ver alguém se saindo pior que ela.

Procure descobrir se você consegue ter um coração que abençoa os outros, pois este é um "teste de iluminação" para determinar se é capaz de melhorar a si mesmo. Portanto, por favor, faça um esforço para cultivar um coração que abençoa os outros.

3
A importância do coração que abençoa na família

Abençoar um ao outro ajuda a resolver conflitos conjugais

Pode ser difícil cultivar um coração que abençoa, mas se você se esforçar para isso, mesmo que apenas de vez em quando, conseguirá no mínimo neutralizar o veneno gerado pelos problemas e conflitos de relacionamentos. Diversos males e situações de desarmonia podem surgir em uma relação interpessoal. Porém, é possível apaziguar a situação ao desejar o bem do outro, então recomendo que tente colocar essa mentalidade em prática.

Isso vale inclusive para o relacionamento com o cônjuge. Vamos pegar como exemplo um casal divorciado.

Ao analisarmos o período de um ano que antecede o divórcio, é comum vermos a troca de acusações sempre que se encontram. E isso até nos faz perguntar como foi possível que essas pessoas tenham um dia decidido se casar com alguém que agora odeiam tanto. Alguns casais que eram só elogios um com outro e consideravam o parceiro o seu par ideal durante o namoro, ou nos primeiros anos de casados, podem agora transformar cada diálogo corriqueiro numa discussão após alguns anos. É uma mudança imensa. Mas, se você olhar para seu cônjuge de forma objetiva, concluirá que não há muitas pessoas nesse mundo das quais só se possa falar mal.

Os casais devem ter se apaixonado um pelo outro em algum momento, e mesmo que não estivessem loucamente apaixonados, algum sentimento interior deve ter-lhes indicado que aquela pessoa não era má escolha para se casar. Ou seja, deveria haver algo de bom nela. Mas agora ficam irritados com algum aspecto de seu companheiro ou não conseguem mais lidar com o modo grosseiro como são tratados pelo parceiro, e o relacionamento mostra sinais de desgaste.

Sempre há troca de ofensas entre um casal que está prestes a se divorciar. À medida que os diálogos são preenchidos cada vez mais por palavras negativas, os dois acabam se convencendo de que as coisas que dizem um ao outro são verdadeiras. Da mesma forma que os editoriais de jornais começam a soar como verdade quando você os lê casualmente, dia após dia, casais em processo de divórcio começam aos poucos a acreditar de fato nas coisas que dizem dia a dia e param de se comunicar genuinamente.

Quando decidiram se casar, com certeza não pensavam um no outro como más pessoas. Pode haver casos excepcionais em que um parceiro só venha a descobrir que o outro é uma pessoa horrível depois do enlace, mas imagino que isso seja a exceção. Quase sempre, num conflito matrimonial, o problema está na maneira como os parceiros se veem, pois provavelmente eles continuam sendo as mesmas pessoas de antes. Pode ser que alguma coisa tenha mudado, porém eles ainda são basicamente as mesmas pessoas. O que muda na verdade são as percepções que passam a ter um do outro – sua visão pessoal a respeito do outro.

Assim, se você estiver falando mal de seu cônjuge o tempo todo, pare um momento e examine seu parceiro com objetividade, como ele seria visto pelo restante da sociedade, e a partir dessa perspectiva verifique se suas palavras são de fato justas.

A diferença entre críticas justas e insultos

Palavras de rancor e palavras de crítica podem ser parecidas, e às vezes é até difícil distingui-las. A pessoa à qual você dirige essas palavras talvez não perceba a diferença. E, realmente, as críticas nem sempre são válidas.

Outras vezes, porém, as críticas têm um fundamento sólido, e é nesse aspecto que uma crítica e um insulto podem diferir. Para determinar se uma crítica é válida, temos de examinar se os pensamentos que a formularam fazem sentido. Existe uma boa razão para que a pessoa criticada confie na sensatez das palavras recebidas? Ou será que as críticas nascem de sentimentos expressados automaticamente, por impulso? É possível distingui-las ao analisar essas diferenças.

Não acredito que um dia possamos fazer todas as críticas desaparecerem, pois em algumas situações elas são necessárias em nossa vida. O que não podemos aceitar é falar mal dos outros a toda hora, como um hábito consolidado. Ao constatar que isso virou um hábito, precisamos fazer uma autorreflexão e procurar corrigir isso. Às vezes, críticas construtivas são necessárias para ajudar alguém a melhorar, mas insultar por hábito é algo que merece uma análise atenta de nossa parte.

Quando a pessoa está realmente equivocada, precisamos dizer isso a ela claramente. Nessa hora, realize um exame exaustivo das razões que levam você a fazer suas críticas e pergunte a si mesmo se elas se baseiam em razões válidas ou se, ao contrário, a real fonte de suas críticas é o seu mau humor, o fato de você não estar se sentindo bem fisicamente ou estar incomodado com alguma coisa.

Dito isso, se você quer evitar o divórcio, meu conselho é que procure elogiar seu parceiro. Não pode ser um elogio falso, pois isso iria se voltar contra você. É elogiar os aspectos do seu cônjuge que você realmente admira. Sempre há aspectos do outro que merecem ser elogiados. Se você não encontrar razões para elogiar o ser inteiro de seu parceiro, procure então algum aspecto dele para elogiar, uma de suas boas qualidades ou algo que ele esteja se esforçando para melhorar. Um elogio desse tipo trará uma mudança nos sentimentos de seu cônjuge e fará com que o coração dele comece a amolecer. Se vocês dois praticarem elogiar um ao outro dessa maneira, serão capazes de se aproximar e se reencontrar.

Quando você oferece um elogio ao seu parceiro, abre caminho para que ele ou ela perceba que você no fundo é uma boa pessoa, e isso também permite que o seu parceiro mude. É como se fosse um reflexo seu no espelho. Se você lhe dirige palavras negativas, terá de volta palavras negativas. E se você abençoa seu parceiro, ele irá abençoá-lo também. Portanto, é melhor se esforçar para elogiar seu parceiro.

O que abordei até aqui é meu conselho às pessoas em geral. Mas devo acrescentar um comentário a respeito dos casos em que o papel de um dos parceiros na sociedade tem um considerável avanço, e isso amplia a disparidade entre o senso de responsabilidade de cada um em relação à sociedade. Às vezes, um parceiro não é capaz de compreender por que o outro dá tanta prioridade às suas responsabilidades sociais, e passa a criticá-lo de maneira unilateral. Se a diferença entre os valores dos dois parceiros muda completamente, de um ponto de vista mais amplo de vida, talvez ambos consigam ser mais felizes se cada um tomar seu caminho.

Trate seus filhos de maneira imparcial, tenham eles bom ou mau comportamento

As crianças também podem ter problemas ligados a falar mal umas das outras. Algumas crianças que mostram esse hábito precisam ser orientadas pelos pais, que, às vezes, acabam repreendendo-as com severidade para mudarem de atitude. Mas existe uma armadilha na qual muitos pais acabam caindo nesses casos.

Quando você tem mais de um filho, é natural que haja diferenças entre eles quanto ao crescimento pessoal e ao senso do que é certo ou errado. Pais que têm uma mentalidade mais socialista às vezes protegem os filhos que se comportam mal, num esforço para não ressaltar essa diferença que existe entre os filhos, mas o desejo de dar um tratamento igualitário pode levá-los a criticar os filhos que estão se comportando bem e evitar elogiá-los merecidamente. É preciso ter cuidado com este ponto.

É importante amar todos os filhos do mesmo modo, mas esse amor tem mais a ver com uma questão mais primordial, básica, isto é, com o fato de sermos todos iguais como filhos de Buda, iguais quanto à natureza búdica que existe em todos nós, ou em relação ao direito a um coração de felicidade desejado por Deus.

Mas há muitas diferenças nas ações individuais de cada filho, na sua atitude, no grau de esforço, no seu jeito de se comportar no cotidiano e nas suas palavras. Tudo isso pode estar certo ou errado e merecer ou não elogios, mas, se os pais juntam tudo como se fosse a mesma coisa, podem causar um impacto negativo na educação dessas crianças. Para melhorar sua capacidade de educar os filhos, você precisa ser capaz de identificar bem essas diferenças.

Esforçar-se demais para tratar todos os filhos do mesmo jeito e culpar a sociedade por suas falhas pode levá-los a cometer erros quando adultos. Isso pode induzi-los a achar que é a sociedade que está errada, e não eles.

Portanto, os pais não devem avaliar seus filhos de maneira equivocada e parcial. Não se deve chegar a esse ponto. Observe com atenção o comportamento deles e os eduque para valorizar um comportamento em detrimento de outros. Se um de seus filhos tem um comportamento ruim ou uma atitude equivocada na maneira de lidar com seu cotidiano, você deve se esforçar ao máximo para ensinar e guiar esse filho, de modo que ele compreenda quais são os comportamentos e atitudes desejáveis e quais são os indesejáveis, a partir da cultura e da atmosfera que você cria no seu lar.

Como mencionei, tratar os filhos rebeldes com excessiva condescendência e evitar dar os elogios merecidos aos que se comportam bem fará com que os filhos desobedientes continuem com o comportamento não filial, mesmo quando já adultos. Esse é um problema relacionado aos hábitos que eles vão formando. Quando adultos, eles não cuidarão de você; pelo contrário, continuarão dependendo de você financeiramente, sobrecarregando-o com os problemas que enfrentam e exigindo que cuide deles. Em contraste, na maioria dos casos, são os filhos com bom comportamento que acabam cuidando dos pais no final. Só que, quando experimentam um reconhecimento injusto ou distorcido dos pais, eles passam a carregar consigo um forte sentimento de desigualdade e injustiça pelos elogios e pela proteção dados aos filhos rebeldes e pelo pouco reconhecimento que eles, como bons filhos, receberam por suas atitudes. Ainda assim, esses filhos darão amparo aos pais, mas talvez o façam com um sentimento de frustração. Por isso, é importante que todos os pais saibam o quanto é inadequado e equivocado continuar julgando os filhos com base em avaliações injustas.

Ganhar a confiança dos pais deve ser uma meta básica da nossa infância

No Período Edo[2], alguém no Japão descreveu uma maneira eficaz de descobrir se você tem um bom filho ou uma boa filha. Essa pessoa disse que você pode concluir que tem um bom filho ou filha se, depois que ele ou ela se tornar independente, circularem comentários a respeito dele ou dela e você imaginar que ele ou ela está sendo elogiado(a). Ao contrário, você concluirá que tem um filho ou filha rebelde se esses comentários o levarem a pensar que ele ou ela deve ter se metido em encrenca de novo e deu motivo a boatos negativos. Esse parâmetro costuma ser confiável.

Quando você estiver nos seus 20 ou 30 anos de idade, se quiser avaliar se você como adulto é um bom filho ou filha, imagine quais pensamentos passarão pela mente de seus pais quando souberem que alguém fez comentários

---

2 Durante o Período Edo (1603-1867) da história do Japão, o país foi governado pelos xoguns da família Tokugawa. (N. do E.)

a seu respeito. Você acha que eles ficarão preocupados, achando que você se meteu em problemas de novo? Ou os imagina confiando em você e supondo que, qualquer que seja o conteúdo dos comentários, eles devem ser referentes a alguma realização sua digna de elogios?

Outro ponto a considerar é o que aconteceria se você dissesse a seus pais que está pensando em ir morar no exterior. Pode ser que eles não queiram dar sua aprovação por acharem que você continuará causando problemas lá fora, pois sabem quantos problemas já criou em casa. Então, talvez você sinta vontade de retrucar e ache que seus pais são ruins e estão querendo boicotar sua liberdade. Mas a reação deles é apenas o resultado da pouca confiança que você construiu com eles até o momento. Seus pais não discordariam dos seus planos se confiassem em sua capacidade de morar sozinho no exterior e superar quaisquer dificuldades que viesse a enfrentar. Entretanto, se você consegue imaginar-se recebendo a aprovação de seus pais, isso mostra que se esforçou para ganhar a confiança deles na infância. Crianças assim se revelam como bons filhos ou filhas.

Portanto, o primeiro passo básico é ganhar a confiança de seus pais, o que aos poucos levará a ganhar a confiança dos amigos, colegas e superiores no trabalho. Desse modo, é recomendável que você se esforce para ganhar a confiança de seus pais durante sua infância. Quando seus pais ficam sabendo que há comentários circulando a seu respeito, eles se preparam para receber boas ou más notícias? A resposta a essa pergunta costuma indicar a diferença entre um bom e um mau filho. E se seus pais ouvirem comentários negativos sobre você, eles acreditarão ou vão achar que foi algum mal-entendido? Se não derem crédito a notícias ruins a seu respeito, esse é também um sinal de que você tem sido um bom filho para eles e é uma evidência da confiança que foi sendo construída por vocês no dia a dia.

Quando os pais veem os filhos como pessoas confiáveis, eles não ficam apreensivos ao vê-los sair de casa e irem para o mundo. Mas os filhos que causaram muitas preocupações aos pais durante a infância, continuarão deixando os pais ansiosos quando decidirem enfrentar o mundo. Esses pontos lhe darão uma boa noção se você foi um bom filho ou não.

Se atualmente você já passou dos 35 anos e não tem certeza se é ou não um bom filho, é só trazer esses aspectos para si e refletir sobre eles. Se seus pais receberem um telefonema a seu respeito, será que ficarão apreensivos imaginando algo ruim? Sua resposta a essa pergunta lhe dará uma ideia básica do tipo de filho que você tem sido para eles.

A confiança é construída pelo acúmulo de pequenos esforços ao longo de vários anos. Não se ganha confiança de uma hora para outra, do nada, mas ela também não pode ser facilmente destruída por um único fato. É preciso ocorrer um evento ou esforço considerável para que a confiança seja conquistada ou perdida de uma hora para outra. É preciso realizar certos esforços para obter uma avaliação positiva em vez de um julgamento negativo, e ganhar a confiança dos outros. Gostaria que você soubesse que a direção em que deve se esforçar é clara.

4
Resolva o caderno de exercícios da vida com um coração que abençoa

Orar e lutar bravamente são práticas necessárias para nos opormos ao mal evidente

Basicamente, o que pretendi enfatizar neste capítulo é que você não conseguirá ser feliz se o seu coração estiver sempre tomado por insultos e inveja, insistindo nos defeitos dos outros. Em vez disso, tenha um coração que abençoa os outros.

Mas, então, você pode pensar: "O que devo fazer quando encontrar o verdadeiro mal?". Talvez você fique em dúvida se deve dar sua bênção a alguém que comete uma maldade ou ao encontrar um completo malfeitor. Suponhamos que alguém pergunte: "Se um de meus conhecidos, por exemplo, for um assassino em série, será que devo também elogiá-lo?".

É impossível apoiar e elogiar uma pessoa que cometeu um ato de pura maldade, pois seriam palavras mentirosas, e sua atitude, desonesta. Em vez disso, por favor, ofereça orações a essa pessoa. Reze para que ela consiga encontrar o caminho do bem, que pare de cometer atos malignos e obtenha a salvação para sua alma. E se tiver mais algo que você possa fazer para ajudar essa pessoa, por favor, faça isso também.

Às vezes, o mal que você encontra tem uma intenção clara e forte, você precisará lutar contra essa intenção. Em termos budistas, chamamos isso de *hashaku* ou *shakubuku*. No passado, até mesmo Buda lutou bravamente contra os demônios e os atos malignos das pessoas. A Happy Science também travou esse tipo de luta algumas vezes no passado. Nós costumamos aceitar muitas coisas com um coração tolerante, e sempre elogiamos aquilo que merece ser elogiado. Mas também não hesitamos em lutar intensamente contra o mal evidente para impedir que ele se multiplique. Temos consciência de que as consequências desse combate podem nos causar sofrimento, mas isso não nos impede de lutar contra o mal quando necessário. Se negarmos a nós mesmos essa opção de combater o mal, permitiremos que ele cresça e se espalhe. Se você se encontrar numa situação como essa, examine o que está enfrentando da maneira mais completa possível, descubra se é algo de natureza boa ou má, justa ou injusta, e tome sua decisão.

Quando olhamos para cada pessoa individualmente, no entanto, precisamos entender que nós, seres humanos, cometemos erros, então é preciso ter certa tolerância para aceitá-los. Tenha um coração que deseja levar as pessoas para o caminho do bem e transformá-las aos poucos, ou ainda, tenha a mentalidade de procurar detectar os pontos positivos das pessoas.

Ter um coração que abençoa aqueles que você inveja irá salvá-lo desse sentimento

Costuma-se dizer que o oposto do amor é o ódio, mas alguns afirmam que o verdadeiro oposto do amor é a inveja. Isso pode muito bem ser verdade. Pensamentos de inveja nos fazem sofrer e tiram nosso sono. Nessas horas, o que irá salvá-lo desse sofrimento é ter um coração que abençoa.

Se você ainda não é capaz de encontrar em si mesmo palavras de bênção, então pode abençoar os outros em seu coração ou proferir essas palavras em voz alta quando estiver sozinho. Irá se sentir muito melhor, e a energia de seus pensamentos de bênção com certeza será sentida pela pessoa a quem você as envia.

No início deste capítulo, falei sobre os problemas que os pais enfrentam ao avaliar o que é certo ou errado em relação aos filhos, e também sobre a necessidade de impedir a ação dos malfeitores evidentes. Além disso, com relação ao trabalho, há o problema da competência das pessoas na realização de suas tarefas. Quando um funcionário comete um erro, é necessário descobrir a causa, mas, quando alguém tem sucesso, também é preciso reconhecê-lo de maneira evidente. É um equívoco distorcer os fatos e avaliar as pessoas de maneira contrária.

Ao mesmo tempo, também precisamos seguir um princípio do tipo: "Condene o ato, não o indivíduo". Você pode criticar e questionar o trabalho e os resultados de alguém, mas também precisa de um coração que saiba acolher os aspectos mais profundos da natureza humana de cada pessoa. Ou seja, suas críticas devem ser limitadas ao trabalho da pessoa e não a ela.

Você também deve valorizar os talentos inatos daquelas pessoas das quais sente inveja. Se alguém demonstrou talento e alcançou resultados excelentes, pode ser alguém que é amado por Buda ou Deus ou que acumulou essas habilidades ao longo de suas vidas passadas. Portanto, você deve abençoar esses aspectos dessa pessoa.

Talvez você ache questionável que outra pessoa seja bem-sucedida, mesmo que você esteja trabalhando mais do que ela, mas talvez a razão para isso não se limite a esta vida presente, e se encontre naquilo que ela veio acumulando em vidas passadas. Ou seja, são coisas das quais simplesmente você não tem conhecimento. Tente pensar dessa forma.

Esse ato de abençoar é um tipo de iluminação. Espero que você utilize os tópicos que abordei neste capítulo como referência para resolver os problemas do seu caderno de exercícios da vida.

CAPÍTULO QUATRO

UMA VIDA LAPIDADA PELAS GRANDES ONDAS DO DESTINO

1
O guia que irá salvá-lo nas grandes ondas da vida

As preocupações da vida vêm porque podem ser resolvidas

Neste capítulo, quero explicar de que modo podemos levar uma vida lapidada pelas grandes ondas do destino. Essa imagem pode dar a impressão de que estamos destinados a enfrentar diversos altos e baixos, como se fôssemos peixes tentando abrir caminho pelos agitados redemoinhos do mar de Naruto[3].

---

[3] No estreito de Naruto, entre as ilhas japonesas de Awaji e Shikoku, quando as águas do mar de Seto se chocam com as correntes opostas do oceano Pacífico no canal Kii durante as marés alta e baixa, elas criam os famosos redemoinhos de Naruto, que chegam a alcançar 20 metros de diâmetro. (N. do E.)

Mas eu gostaria que você soubesse que, quando esses altos e baixos da vida passam, todos eles se transformam em belas lembranças. Claro, muitas adversidades parecem insolúveis quando estamos no meio delas. Porém, examinadas em retrospecto, podemos ver que foram questões corriqueiras, embora tenha parecido ser uma grande provação em nossa vida naquele momento.

Como todo mundo, eu costumava me angustiar, me preocupar e sofrer com os problemas e dificuldades que surgiam. No entanto, o resultado ou desfecho de cada um deles me revelava que não era motivo para tamanho alvoroço, mas naquela hora pareciam ser enormes. As pessoas à nossa volta podem nos alertar de que nossos problemas não são tão grandes quanto pensamos e que, na verdade, são comuns. Mas nós, que estamos no meio deles, só podemos imaginá-los como terríveis ondas de adversidade que ficam nos jogando para lá e para cá.

O que quero ensinar agora é como encarar as adversidades atuais como pequenas ondas, em vez de ter a sensação de que são enormes, gigantescas. E, então, alcançar um estado mental semelhante a um mar calmo, sem ondas. Gostaria que você soubesse que isso constitui uma parte importante da nossa disciplina religiosa.

Não há ninguém que nasça neste mundo e não tenha nenhuma preocupação. Penso que não existe alguém que tenha conseguido passar pela vida sem problemas. Se existe algo lhe causando preocupação, isso é uma prova de que você está vivo e vivendo nesse exato momento. De certa forma, o fim das angústias é um sinal de que está na hora de partir deste mundo. Repito: se existe algo que o aflige, significa que você ainda tem vida.

Além disso, preocupar-se com seus problemas indica que você poderá resolvê-los se os encarar de um modo diferente. Em certo sentido, você está se testando para ver até que ponto é capaz de suportar essas grandes ondas do destino, ou, ainda, esses "testes enviados pelos deuses".

Como decidir a direção a seguir

Meu despertar espiritual veio a mim quando eu tinha 24 anos. Mas, olhando para trás, as preocupações não desapareceram da minha vida cotidiana nos meus vinte e poucos anos. Lembro que era uma fase em que cada problema que eu resolvia era seguido por outro. Mesmo quando me demiti da companhia em que trabalhava e fundei uma religião, a toda hora surgiam problemas sobre maneiras de administrar a organização. Um após o outro. Assim que vencia uma onda, vinha uma outra logo em seguida. E bastava vencer essa outra onda para que logo surgisse mais uma.

Nessas horas, o mais importante é não perder o senso de direção. Quando estamos nadando, precisamos saber qual caminho leva ao mar aberto e qual aponta para a praia. Ondas gigantes inevitavelmente virão, e quando chegarem não conseguiremos nos salvar se nadarmos para o mar aberto. Mas, se soubermos seguir rumo à praia, com certeza em algum momento encontraremos um jeito de escapar da situação difícil. Trata-se apenas de decidir entre duas opções. Portanto, você precisa ter cuidado para não errar a direção.

Entretanto, no meio da adversidade, como podemos determinar se estamos indo na direção da praia ou do mar aberto? Se você é membro da Happy Science, pode adotar o ponto de vista da fé para decidir se determinada direção é certa ou não. Sua decisão deve ser baseada na sua fé. Se ela lhe diz que aquela direção é a certa, então é fundamental nadar naquela direção sem hesitar, mesmo que uma grande onda esteja vindo. Por outro lado, se você sente que aquela direção contraria a sua fé, você precisa dar meia-volta e mudar de rumo, pois não é a direção correta. Esse é um ponto que, apesar de sua simplicidade, deve ser mantido em seu coração, caso contrário o curso de sua vida ficará à mercê das adversidades, e você não pode deixar que isso aconteça.

Verifique se você tem tendência a amar a infelicidade

Algumas pessoas parecem até achar divertido quase se afogar nas ondas de dificuldades que elas enfrentam. Se esse é o seu caso, você precisa corrigir essa tendência mental. Em alguns dos meus livros, como *A Síndrome da Infelicidade*[4], mencionei que nós, humanos, raramente percebemos nossa própria tendência a amar a infelicidade. E embora outras pessoas possam até mostrar esse aspecto em você, talvez você tenha dificuldade para identificá-lo em si mesmo.

Quando eventos passados que lhe causaram tristeza, sofrimento e sensação de fracasso ficam gravados em seu coração, você começa então a desenvolver um certo tipo

---
4 *The Unhappiness Syndrome* (Nova York: IRH Press USA, 2017), disponível em inglês.

de padrão do fracasso. Assim, quando surge uma situação semelhante a outra já vivenciada, você acaba se lembrando de suas experiências passadas e começa a seguir o padrão do fracasso e, consequentemente, obtendo os mesmos resultados. E isso ocorre repetidas vezes. Se surge um indício de algo parecido com um revés anterior, seja no trabalho ou nos relacionamentos pessoais, você começa a se perguntar se acontecerá a mesma coisa de novo. E isso faz com que ocorra um episódio semelhante àquela lembrança amarga que experimentou no passado.

Nós, humanos, tendemos a culpar as circunstâncias externas e as pessoas à nossa volta pelos infortúnios da vida. Dificilmente imaginamos que, na verdade, amamos seguir o padrão do fracasso criado por nós mesmos. Essa é a razão pela qual aqueles que se sentem infelizes tendem a repetir inúmeras vezes as mesmas experiências sofridas.

Se você constata que foi atingido duas, três vezes ou mais por adversidades semelhantes, dê um passo para trás e observe a si mesmo com calma, como se assumisse o ponto de vista de uma terceira pessoa. Entre no caminho do meio e examine a si próprio com um olhar livre de ideias preconcebidas.

Acabe com a necessidade de obter compaixão

Já ensinei muitas vezes sobre a importância da prática de dar amor aos outros. Mas, no final das contas, nós, humanos, acabamos buscando o amor dos outros. Ser amado por outra pessoa é realmente uma grande alegria e nos traz felicidade.

Porém, nem sempre recebemos o amor que desejamos. E, ao não conseguir obter o amor desejado, começamos a nos comportar de maneira a atrair a compaixão dos outros. De propósito, colocamo-nos numa posição que possa despertar a simpatia dos demais.

Até certo ponto, somos capazes de imaginar que tipos de situações atrairão a complacência dos outros. Por exemplo, ficar doente é uma delas. Um inimigo ou rival talvez mude sua atitude em relação a você se o vir doente; quem sabe pare de atacá-lo e comece a tratá-lo bem. Algumas pessoas, quando não encontram coragem suficiente para fazer as pazes, fogem do conflito adoecendo, em vez de se esforçarem para chegar a uma reconciliação.

O apego à pobreza também é algo compartilhado por um número surpreendentemente grande de pessoas. Elas costumam colocar a culpa de seu empobrecimento naqueles que estão ao seu redor, na empresa em que trabalham, no país ou na economia mundial. E não são apenas os funcionários de uma empresa, mas também os CEOs de corporações adotam essa postura.

Se você tem tendência a buscar a benevolência dos outros para ser confortado, é melhor pôr um ponto final nessa inclinação. Ganhar a compaixão alheia dificilmente melhorará sua situação de fato. As pessoas podem até lhe dirigir algumas palavras de conforto, mas isso não irá trazer uma verdadeira solução para o seu problema.

2
A atitude mental que determina a felicidade ou a infelicidade na vida

Não procure igualdade de resultados, e sim de oportunidades

A expressão "trabalhadores pobres" popularizou-se no Japão, e achei isso muito preocupante. Essa frase refere-se àquela classe de pessoas empobrecidas, mas trabalhadoras que, apesar dos esforços que sempre fizeram em seu trabalho, parece que a vida delas não se torna mais fácil. Na televisão e nos jornais, esse tema tem recebido grande cobertura, até com artigos da mídia especiais sobre o assunto.

Esse pensamento de que "continuam pobres independentemente do quanto trabalhem" me parece uma espécie de comunismo disfarçado. É o tipo de pensamento que leva você a culpar o governo, o mundo ou aquele pequeno número de pessoas ricas pela sua pobreza, e é uma ideia básica que não difere muito da filosofia do comunismo.

A ideia do comunismo é essencialmente racionalizar a inveja, uma justificativa para a inveja que se sente das pessoas bem-sucedidas.

Ter sucesso numa sociedade comunista desperta inveja em muita gente, portanto uma sociedade nesses moldes passa a evitar o sucesso individual e buscar a igualdade de resultados. No entanto, essa luta pela igualdade leva ao empobrecimento da sociedade como um todo. Para alguns, pode ser que a ideia de todos serem pobres seja algo positivo, mas, nesse caso, não restaria ninguém com poder de ajudar os pobres. Esse é um aspecto muito comum nas sociedades comunistas.

Por isso, tente adotar a seguinte maneira de pensar: a igualdade que tenho em mente é a igualdade de oportunidades, ou seja, que todas as pessoas tenham chances iguais. Acredito que todos devem ter a chance de tentar ser bem-sucedidos, e devemos oferecer o maior número possível dessas oportunidades.

No entanto, não acho que seja possível esperar resultados iguais. Por exemplo, os corredores de uma competição de 100 metros rasos ou de uma maratona de 42 quilômetros cruzam a linha de chegada em tempos variados e têm desempenho individual diferente. Assim, embora todos os corredores mereçam elogios por seus esforços, sempre haverá variações nos resultados, como nos tempos obtidos e na posição final de cada um.

O mesmo pode ser dito sobre as realizações acadêmicas e artísticas. Se um gênio artístico e um artista amador recebessem o mesmo nível de reconhecimento, qual você acha que seria o resultado disso? Provavelmente todos deixariam de se esforçar, porque criar obras de arte excepcionais acabaria não tendo valor. Se a sociedade desse igual reconhecimento a uma obra espetacular e a uma obra de arte comum, então ninguém mais iria se esforçar para criar obras de arte notáveis.

Na realidade, uma pintura excepcional e premiada, como aquelas que encontramos na Exposição de Belas-Artes do Japão, pode ser avaliada e alcançar um preço que varia de centenas a milhares ou milhões de dólares.

O sonho de alcançar esse tipo de reconhecimento serve de motivação para pintores iniciantes e os leva a colocar seu coração e sua alma no trabalho. O mesmo vale para músicos e cantores, que deixariam de se esforçar para oferecer as melhores apresentações ou canções se todos fossem tratados da mesma forma, independentemente da performance. Ou, então, imagine o que aconteceria no mundo do beisebol profissional se os salários dos grandes astros desse esporte – como Hideki Matsui e Ichiro – fossem reduzidos e equiparados aos salários de jogadores que não têm o mesmo desempenho, tudo em nome de um princípio fundamental da humanidade chamado igualdade. Acredito que nem mesmo Matsui e Ichiro conseguiriam continuar se esforçando tanto, e acabariam parando de trabalhar.

Buscar a compaixão dos outros não nos leva a conseguir o apoio das pessoas

As oportunidades devem ser garantidas a todos, mas sempre haverá diferenças nos resultados, que são fruto do esforço individual, da dedicação, do talento inato e do apoio e incentivo que cada um recebe dos outros.

De maneira geral, independentemente de qual seja sua área, diz-se que uma pessoa obtém sucesso ao receber o apoio de cerca de trezentas pessoas. É claro que uma religião requer o apoio de um grande número de pessoas, mas, mesmo nesse caso, o respaldo de trezentas pessoas ainda permite que você estabeleça uma pequena organização. Hoje, por exemplo, existem no Japão mais de 180 mil organizações religiosas, e provavelmente a maioria delas tem em média trezentos fiéis. Foi uma pessoa que não é ligada a uma religião que disse que serão bem-sucedidos aqueles que tiverem o incentivo de cerca de trezentas pessoas, mas essa afirmação também é válida para uma religião. De fato, será possível estabelecer um fundador e criar uma organização se houver trezentos fiéis.

Desse modo, reitero que, para atingir o sucesso, é preciso que haja elementos como o esforço próprio, dedicação e talento, sua missão dos Céus e também obter o apoio de muitas pessoas.

O apoio desse número de pessoas ajuda qualquer tipo de empreendimento a decolar. Você com certeza será bem-sucedido na carreira que escolher, seja como cantor, dono de um restaurante ou de um salão de beleza, ou em qualquer outro tipo de ocupação de qualquer setor.

Ganhar popularidade e conquistar o apoio de muitas pessoas são talentos extremamente importantes.

Mas aqueles que se concentram em obter a compaixão dos outros não conseguem perceber esse fato. Dificilmente você conseguirá que trezentas pessoas se disponham a apoiá-lo se o que você procura é apenas algum conforto para suas circunstâncias desfavoráveis. As pessoas podem de início mostrar alguma empatia, mas aos poucos irão se cansar de suas reivindicações depois da segunda ou terceira vez que você se dirigir a elas procurando sua empatia.

A sociedade atual está envelhecendo, e conta com um número cada vez maior de idosos. Muitos deles provavelmente acumulam várias frustrações reprimidas em relação a seus filhos, enteados e netos, e algumas pessoas se dispõem a dar ouvidos às palavras desses idosos. No entanto, como afirmei, essas pessoas podem no início dar ouvidos às frustrações dos mais velhos, mas após uma segunda ou terceira visita irão se cansar. A partir da quarta vez, talvez parem de visitá-los, e então os idosos não terão mais ninguém para escutá-los, como ocorre com frequência.

É difícil conseguir felicidade quando o que se procura é somente a compaixão. O tipo de pessoa que os outros gostam de encontrar é aquela que traz felicidade aos outros, e não aquela que procura receber a bondade dos outros. Pessoas que exercem uma influência positiva em você ou o inspiram a cada encontro, dão dicas para melhorar sua vida, são uma fonte de coragem ou lhe dão força quando você se sente deprimido, esse é o tipo de pessoa que todos querem encontrar muitas e muitas vezes ao longo dos anos.

Precisamos, portanto, rever nossa maneira de pensar. Quanto mais sensível for nossa disposição, mais ficaremos inclinados a buscar a bondade dos outros e, se você tem essa tendência, é essencial fazer um esforço para mudar sua maneira de pensar.

Coloque seu foco nas outras pessoas, não em você

Vou explicar o que venho expondo até aqui por outro ângulo. Por exemplo, existem os conceitos de geocentrismo e heliocentrismo, que nos dão teorias alternativas sobre o posicionamento do Sol e da Terra. Para o heliocentrismo, a Terra gira em torno do Sol, que está no centro, e, para o geocentrismo, é o Sol que gira em torno da Terra. Se julgarmos isso com base nos nossos sentidos do dia a dia, acharemos que o geocentrismo expressa a verdade, mas na realidade é a Terra que gira em torno do Sol a uma velocidade surpreendente. Com base nos nossos sentidos físicos, sentimos aqui na Terra como se estivéssemos parados e o Sol girasse em torno de nós e da Terra. Era o que os antigos acreditavam ser a verdade durante um longo tempo.

Muitas vezes, temos uma compreensão parecida ao acreditar que o mundo gira em torno de nós, que somos nós o centro fixo, e essa ilusão vai se consolidando ao longo da vida. Provavelmente, há pessoas cuja vida doméstica gira em torno do pai ou marido, ou em torno da mãe ou esposa. E as pessoas que são tratadas como se fossem o centro das coisas podem achar que todos giram mesmo em torno delas ou que os demais devem se ajustar aos seus interesses. Podemos dizer, então, que existem esses tipos de pessoas com uma mentalidade geocêntrica e outras com uma mentalidade heliocêntrica.

A Terra gira não só em torno do Sol, mas também ao redor do seu próprio eixo, porém essas realidades são difíceis de aceitar para quem leva a vida na superfície do planeta. No entanto, se examinarmos fotos do céu noturno tiradas com longas exposições, veremos que as estrelas se movem pelo céu.

Quando fui ao Havaí para dar uma palestra há algum tempo, vi as estrelas movendo-se rapidamente no céu, enquanto contemplava a vista de um restaurante durante o jantar. Ao olhar para elas, não consegui imaginar que o chão sob meus pés é que estava de fato se movendo, já que o céu e as estrelas é que pareciam estar em movimento. No entanto, precisamos corrigir essa percepção. A causa da sua infelicidade pode ser encontrada nesse tipo de percepção geocêntrica. O que estou explicando aqui não é algo tão complicado.

Em resumo, é preciso mudar sua percepção geocêntrica, corrigir essa mentalidade egocêntrica. Fazendo isso, seus relacionamentos vão melhorar e seu trabalho também, de maneira fundamental. Quando alguém diz a si mesmo: "Eu é que preciso ser aquele que se move", ou seja, pensa sob a perspectiva heliocêntrica, isso se transforma na atitude de servir melhor os clientes, quando visto da perspectiva do trabalho.

Ao contrário, a atitude mental geocêntrica é aquela que pensa: "Não vejo o que há de errado com nossos produtos. Se não estão vendendo bem, a culpa é dos clientes". Ou faz você culpar o supermercado ou a loja de departamentos pela falência de sua loja, levando-o a participar de manifestações contra a expansão desses grandes negócios.

Quando pensamos com uma mentalidade baseada no cliente, vemos que os negócios que oferecem os melhores serviços do ponto de vista dos clientes é que precisam sobreviver. As franquias de grandes supermercados têm suas vantagens. Por serem capazes de trabalhar com grandes volumes de produtos, podem oferecer maior variedade a preços menores. Para que os pequenos negócios consigam sobreviver nesse mercado, precisam oferecer serviços que as grandes redes não têm condições de ofertar, como realizar visitas frequentes aos clientes e perguntar sobre suas necessidades ou uma seleção de produtos que não esteja disponível nas grandes redes. É essencial adotar essa atitude de se esforçar para atender às necessidades de seus clientes.

Basicamente, podemos nos encaixar em um desses dois padrões mentais: o heliocêntrico ou o geocêntrico. Decidir para que lado irá pender o seu modo de pensar vai determinar a sua felicidade ou infelicidade e o seu sucesso ou fracasso. É natural termos sentimentos de antipatia por pessoas egocêntricas, mas é difícil perceber isso quando nós também somos vistos dessa mesma maneira pelos outros. Acredito que você se sinta mal quando está perto de pessoas egocêntricas porque vê que elas só pensam em si mesmas e seguem pela vida da maneira que mais satisfaça o próprio ego. É fácil identificar e criticar essas pessoas, mas não conseguimos reconhecer isso em nós mesmos. Geralmente, é assim. É por essa razão que, por meio do meu ensinamento da autorreflexão, aconselho as pessoas a refletirem sobre si mesmas como se estivessem olhando para o seu reflexo no espelho; e por meio do meu ensinamento sobre o amor, oriento as pessoas a tratarem as outras da mesma forma como gostariam de ser tratadas.

3
O poder de decisão abrirá o seu caminho

Você precisa tomar uma decisão no final

Para indivíduos que possuem cargos de muita responsabilidade, como os executivos de negócios, algumas dessas ondas do destino podem ser especialmente grandes e trazer fases muito difíceis. Eles às vezes sentem como se enfrentassem ondas de enormes problemas a resolver, uma após a outra. Em períodos assim, é importante tomar decisões baseadas na fé. E outro ponto de vital importância é a tomada de decisões. A capacidade de tomar decisões é um aspecto crucial da nossa vida.

Quando as pessoas ficam aprisionadas numa espiral de desespero ou estão se debatendo nessas ondas, afundando e vindo à tona, mal conseguindo respirar, estão tipicamente sofrendo em razão de suas indecisões. Ser capaz de tomar uma decisão nesses momentos é muito importante. Pessoas que não conseguem tomar uma decisão ficam com a cabeça saindo fora d'água e logo depois afundando de novo, seguidas vezes. O que quero dizer com essa analogia é que a nossa mente avança e recua, mas sem definir uma direção.

Esse mundo físico em que vivemos é composto por valores conflitantes. Podemos ver que tanto indivíduos como corporações cultivam uma variedade de valores, e nunca estão errados em sua totalidade – há sempre bons aspectos em cada um deles –, mas isso é o que gera conflitos de valores.

Em última análise, porém, é preciso tomar uma decisão. Há incontáveis maneiras e métodos de administrar um negócio, mas, no final, sempre somos forçados a fazer uma escolha: é preciso decidir. É importante aumentar seu poder de decisão praticando a tomada de decisões com coragem.

Minha decisão de fundar a Happy Science

Entre 1984 e 1986, morei por quase dois anos na cidade de Nagoya. Eu já começava a me preparar para largar meu emprego, e foi cerca de um mês após minha volta para o escritório de Tóquio que pedi demissão para iniciar a Happy Science. Se não tivesse tomado essa decisão na época, a Happy Science talvez não existisse hoje.

Quando comecei a trabalhar naquela companhia, eu encarava isso apenas como fruto do acaso, mas aos poucos esse emprego se mostrou proveitoso, e meu trabalho se tornou um prazer. Faz parte da natureza do trabalho que ele se torne mais interessante à medida que o levamos adiante.

Com o passar do tempo, foram sendo delegadas a mim tarefas muito importantes, e aqueles à minha volta passaram a contar comigo com maior frequência. Então, foi muito difícil tomar a decisão de deixar a companhia naquela época. Ela atuava no ramo de comércio geral e estava entre as sete maiores do mundo, com vendas anuais em torno de 30 bilhões de dólares, o que era comparável às vendas anuais da Toyota Motor Corporation daquela época.

No final do período em que trabalhei nessa companhia, eu fazia parte do departamento de contabilidade e finanças do escritório de Nagoya, e era encarregado de lidar com os bancos. As empresas comerciais têm alto volume de compras e vendas, portanto precisam dispor de grandes fundos. A fim de estarmos preparados para as épocas que exigiam contar com todos os fundos que pudéssemos reunir, estávamos constantemente fazendo pedidos de empréstimo, acumulando um pouco mais de dinheiro do que seria de fato necessário.

Estávamos na década de 1980, em meio a uma bolha econômica no Japão, e o banco dizia à minha companhia que os valores das propriedades continuariam aumentando ao longo do tempo, e que qualquer terreno que comprássemos com dinheiro emprestado acabaria se pagando. Minha empresa aceitou esse conselho, pegou emprestado mais do que precisava de fato e aplicou os fundos adicionais em negócios fora do seu ramo, como na compra de terrenos e na construção de campos de golfe, pistas de boliches e prédios de apartamentos. A companhia tinha um faturamento de 30 bilhões de dólares em vendas, mas pediu empréstimos de mais de 10 bilhões de dólares ao banco, se não me falha a memória. Para mim, era muito claro que a companhia estava pegando emprestado mais do que seria sensato. Concluí que esse plano de fazer empréstimos indiscriminadamente criaria grande risco para a empresa, que era insensato fazer mais empréstimos que o necessário e que eles precisavam perceber que estavam acumulando demasiados financiamentos a longo prazo.

Para ser mais exato, talvez fosse mais apropriado dizer que a companhia na realidade estava sendo forçada a pegar empréstimos bancários em razão da grande influência que os bancos exerciam naquela época. As empresas comerciais figuravam entre os maiores clientes dos bancos e podiam contratar empréstimos de até 1 bilhão de dólares. Os bancos preferiam fazer grandes empréstimos a longo prazo, que davam lucro maior, do que pequenos empréstimos de curto prazo, que exigiam trâmites cansativos e davam retorno menor.

O que achei mais problemático nessa companhia foi o grande volume de empréstimos de longo prazo, com juros fixos de quase 10%, que mais parecia que a companhia estava sendo forçada a aceitar. Os bancos tinham um *status* mais elevado do que a empresa comercial e enviavam seus representantes de elite e de alto poder de persuasão para coagi-la a pegar esses empréstimos. Eram pessoas muito firmes e difíceis de lidar. Essa foi uma época em que os credores de longo prazo, como o Banco Industrial do Japão e o Banco de Crédito de Longo Prazo do Japão, empregavam um grande número de graduados de alto nível da Universidade de Tóquio nessas operações, que chegavam com ar esnobe.

Negociar com essas pessoas era a tarefa que minha empresa me atribuía, ou seja, eu era uma espécie de "destruidor de elites" – uma carta na manga deles. Talvez me vissem como o que teria sido há muito tempo aquele personagem japonês antigo, uma espécie de experiente e destemido samurai assassino. Eu era convocado a lidar com aqueles difíceis representantes dos bancos, toda vez que vinham à companhia. Eu era um negociador incansável. Sempre derrotava meus oponentes e trazia a vitória para a minha companhia, o que deve ter me tornado uma pessoa muito conveniente para eles.

Devido às minhas decisões, o nível geral de felicidade aumentou

Pouco antes de deixar a empresa, houve uma convocação geral para apresentar uma dissertação, e redigi uma na qual expunha minhas ideias a respeito da direção que acreditava que a companhia deveria seguir. Durante o processo de avaliação, meu ensaio percorreu toda a hierarquia e chegou aos diretores, e quase às mãos até do presidente. Mas, como minha dissertação advertia sobre os riscos das políticas de gestão da época, ou seja, criticava diretamente as diretrizes de gestão do presidente, seus assessores sentiram que seria arriscado me conceder o prêmio, pois isso implicaria que todos na companhia iriam ler meu ensaio. Assim, depois de algumas discussões de bastidores, decidiram não mostrar meu ensaio ao presidente, e foi assim que meu texto se tornou um ensaio fantasma.

Apesar disso, depois que pedi demissão, a empresa promoveu mudanças nas diretrizes com base nos cenários que eu havia descrito nessa minha dissertação. A companhia conseguiu se sustentar por um tempo, mas no início da década de 2000 enfrentou uma crise de gestão causada por erros na administração de capitais e no planejamento financeiro, e acabou fundindo-se a outra empresa comercial para conseguir sobreviver. Segundo conhecidos meus, esse desfecho poderia ter sido evitado se eu não tivesse saído. Talvez tivessem razão. Com o tipo de visão à frente que eu mostrava ter, provavelmente teria sido capaz de impedir que os mesmos erros fossem cometidos, e isso talvez impedisse o fim da companhia.

Eu sabia que muitas pessoas na empresa estavam depositando suas esperanças em mim, confiando e investindo muito em mim, considerando-me um funcionário de elite em quem tinham altas expectativas, e isso tornava mais difícil ainda minha decisão de sair para fundar a Happy Science. Assim, após passar cerca de um ano me preparando para criar uma religião, fiquei sem emprego e completamente sem renda. Tomar essa decisão foi algo que me afligiu muito enquanto eu trabalhava em Nagoya. E quase todo o meu sofrimento daquele último ano devia-se à dificuldade de tomar essa decisão.

Naquela época, eu já vinha escrevendo minha série de mensagens espirituais, mas sentia-me muito angustiado, porque me faltava uma convicção interna, pelo fato de não ter suficiente conhecimento para criar e desenvolver uma organização religiosa.

Ao mesmo tempo, a empresa ia me confiando responsabilidades cada vez maiores para lidar com suas questões mais importantes, e eu sofria por saber que, apesar das esperanças que estavam sendo depositadas em mim, eu provavelmente estaria os traindo quando fosse embora.

Depois que me demiti, soube que a companhia dispensou um número considerável de funcionários e, como eu disse, acabou sendo forçada a aceitar uma fusão. Mesmo assim, na época a minha sensação era que criar a Happy Science e difundir as Verdades pelo Japão e pelo mundo traria felicidade a um número maior de pessoas, e que isso seria algo bem maior do que as desvantagens por ter deixado a empresa. Por isso, embora tenha sido uma pena não ter conseguido salvar a companhia, julguei que não havia alternativa a não ser pedir demissão. Isso já era de se esperar.

Como eu já havia identificado as falhas na política do presidente, posso dizer com certeza que minha permanência teria ajudado a impedir a ruína da companhia. Mas sabia que minha saída era inevitável. O mundo, na verdade, está em constante mudança – todas as coisas são impermanentes. E diante da concorrência de mercado, é muito natural e inevitável que alguns negócios sejam eliminados.

Vi a fusão decretar o fim da história de oitenta e tantos anos da companhia para que ela pudesse sobreviver de algum modo. Também vi a completa destruição do meu antigo local de trabalho, que ficava no edifício do World Trade Center, em Nova York, e foi arrasado por um avião de passageiros sequestrado. Eventos como esses me mostraram como muitas coisas na vida podem mudar inesperadamente.

Não conseguimos prever que tipo de destino nos aguarda no futuro. Seja qual for, virá de qualquer modo, e não importa quais sejam esses novos desdobramentos, precisamos passar por eles com sabedoria e capacidade de tomar decisões. A Happy Science está almejando seriamente tornar-se uma religião mundial. Precisamos continuar trabalhando até alcançarmos essa meta. Se desistirmos, significará o fim desse objetivo.

Abrir mão de certas coisas é um caminho para o sucesso

Para concluir, gostaria de fazer um resumo do que quis expor a você neste capítulo. Haverá muitos momentos ao longo de sua vida em que ondas gigantes do destino irão atacá-lo, mas, por favor, estabeleça a sua fé e, mantendo essa fé como base, avalie que direção julga ser a certa e então resolva seguir nessa direção. Para isso, o poder de decisão é fundamental. Em muitas situações na vida você terá de abrir mão de algo para ser capaz de seguir adiante. Quando enfrentar essas situações, pondere com cuidado e decida deixar de lado as coisas que você sabe que precisam ser abandonadas, apesar da dor que isso possa lhe trazer, e escolha as coisas que você precisa manter. Como escrevi no meu livro *As Leis da Vida*[5], quanto mais você for capaz de abrir mão das coisas, mais terá sucesso na vida, conforme a lei da compensação. Momentos decisivos são inevitavelmente acompanhados de dor, mas é importante saber que essa dor é uma parte necessária para abrir as portas para uma nova era.

---

5 Título original *Inochi No Ho* (Tóquio: IRH Press Co. Ltd., 2007).

CAPÍTULO CINCO

SINTA O MILAGRE

1
A verdadeira causa do nosso sofrimento

Seu desejo de se proteger causa sua infelicidade

Neste capítulo, irei abordar os pontos essenciais do que desejo transmitir de maneira resumida.

A prática do esforço é o ponto mais importante dos meus ensinamentos na Happy Science. Mas, como ocorre em tudo que existe, sempre há um outro lado.

Talvez algumas pessoas, com base nesse ensinamento do esforço, estejam se empenhando diariamente para se libertar dos problemas e do sofrimento, mas mesmo assim têm dificuldade para sair dessa situação. Se este for seu caso, eu gostaria que perguntasse a si mesmo: "Qual é a causa das minhas preocupações atuais? Por que estou sofrendo neste momento?'". É muito provável que o motivo da sua angústia se resuma a essa única fonte: o sentimento de autodefesa. Será que você não está formulando os seus pensamentos com base no desejo de querer se defender de algum modo? Por favor, tente examinar bem esse ponto. É natural que os humanos, assim como os insetos e outros animais, ajam naturalmente para se defender, já que essa necessidade de se proteger dos perigos foi impregnada fisiologicamente em todos os seres. Mas as decisões que tomamos para seguir esse instinto natural incluem um aspecto que leva à infelicidade. Esse desejo de querermos nos proteger é a verdadeira causa de cerca de 90% do nosso sofrimento na vida.

EXEMPLO DE AUTODEFESA 1
Uma mente que tende a dar desculpas

Uma das formas assumidas pelo desejo de se proteger é a autojustificação. Ou seja, é quando procuramos encontrar desculpas para validar nosso estado atual. Na maioria das vezes, as pessoas procuram fora delas mesmas as razões para se justificar. Por exemplo, podem dizer que seus sentimentos feridos e seu sofrimento foram causados pelas palavras ou ações de alguém, ou talvez tenham surgido devido a algum incidente, às condições sociais do mundo, à situação da empresa, ou ainda, a questões familiares relativas aos pais ou aos filhos, dentre outros. Muitas vezes, tendemos a buscar essa causa nas circunstâncias do ambiente, da época ou das condições da sociedade. Com certeza encontraremos uma justificativa ou outra. É praticamente impossível não achar alguma razão, e é fácil encontrar de imediato duas ou três justificativas para o nosso sofrimento. Você pode achar que seu sofrimento, sua angústia ou seus sentimentos feridos surgiram porque alguém fez ou disse algo, ou porque sofreu um acidente cinco anos atrás, ou porque passou por momentos difíceis após o nascimento de seu filho há dez anos ou enfrentou um grande revés logo depois de se formar na escola, há duas décadas. As causas são diversas. Mas, nesses casos, o instinto natural de querer se defender entra em ação, e leva você a inventar desculpas para se justificar. E ainda, na maioria das vezes, tenta encontrar a causa dessa infelicidade fora de você e não dentro. Talvez esteja pensando que você está infeliz devido a uma série de coisas que acumulou até hoje, entre elas, as palavras, ações e sentimentos de diversas pessoas com quem teve contato, além dos acontecimentos que influenciaram você. Mas tal modo de pensar é, na verdade, uma das causas de sua infelicidade.

Apesar de o instinto de autodefesa ter a função de proteger você, na verdade, ele acaba levando-o a encontrar uma causa para sua infelicidade e tentar se convencer dela. Você diz a si mesmo que está infeliz por causa de fatores externos: outras pessoas, a limitação física de alguma parte de seu corpo, como os olhos ou ouvidos, ou porque você não é inteligente o suficiente. Dessa forma, justifica-se apresentando vários motivos para estar infeliz atualmente.

Não permitirei que você diga que não tem esses sentimentos no seu íntimo. Eles com certeza estão lá. Você pode não querer confessar isso, mas eles certamente irão escapar dos seus lábios quando você estiver sozinho. Esse sentimento de querer se justificar é, na realidade, uma das principais causas do seu sofrimento.

EXEMPLO DE AUTODEFESA 2
Uma mente que tende a atacar os outros

Outro exemplo é quando o desejo de se defender se transforma no impulso de atacar os outros. Trata-se de uma reação comum em pessoas de personalidade forte ou naquelas sempre determinadas a vencer. Elas não pensam de maneira passiva, acreditando simplesmente que de algum modo foram vítimas das circunstâncias. Em vez disso, abrigam pensamentos do tipo: "Essa pessoa me prejudicou" ou "Essa pessoa é culpada pelo meu fracasso, portanto ela está errada". São formas de pensar que estimulam de maneira ativa sentimentos de mágoa, ódio, raiva, desejo de vingança, e consolidam o hábito de ficar sempre achando defeitos nos outros e o desejo de arruinar a vida deles. Ou ainda, espalham calúnias sobre essas pessoas e utilizam várias táticas para fazê-las caírem numa armadilha.

Há pessoas desse tipo por toda parte, mas elas não são necessariamente más. Isso porque o comportamento delas é motivado também por esse desejo instintivo de se proteger. Pessoas com um poder excepcional – uma mente muito determinada, um físico forte, uma grande vitalidade ou um alto nível de habilidades – tendem a agir na ofensiva, e nem todas são necessariamente pessoas ruins.

As pessoas com uma personalidade mais passiva tendem a usar a autojustificativa como defesa. Já as que possuem uma personalidade mais forte tendem a partir para a ofensiva. Elas acusam os outros por algo, porque dessa forma alguém é o "vilão" que leva a culpa e elas sentem como se seus "pecados fossem perdoados". Acabam então convencidas de que culpar alguém resolverá seu próprio sofrimento. Por exemplo, se for dentro de uma empresa, basta dizer que o diretor é o culpado, e, em nível nacional, o primeiro-ministro. Se o filho tira notas baixas, culpam o professor, alegando que ele é incompetente, ou a escola por ter escolhido mal os livros didáticos, ou o professor do cursinho pré-vestibular por não ter uma boa didática. No fundo, porém, percebem que há outras crianças da mesma escola que estão obtendo resultados melhores.

Em outras palavras, no cursinho, há alunos que são aprovados para ingressar nas escolas secundárias ou universidades que escolheram cursar, e outros que são reprovados. No entanto, essas pessoas tendem a criticar a escola quando veem o próprio filho fracassando, mas enchem o professor de elogios quando o filho é bem-sucedido. Como eu disse, elas não são pessoas más. São pessoas comuns, meros humanos, que demonstram um estado mental compartilhado por muita gente. É algo que acontece com frequência.

Resumindo, há pessoas que tentam se proteger assumindo uma atitude ofensiva, culpando a escola ou o professor de seu filho pela sua reprovação, e espalham avaliações negativas sobre o estabelecimento. Já os introvertidos põem a responsabilidade na própria família, culpam a falta de aptidão do filho ou culpam a si mesmos, afirmando que a má criação do filho é devida a sua própria falta de estudo na juventude. Outros dizem que a culpa é a incompetência do cônjuge, a ausência constante do pai em casa por causa do trabalho ou a falta de recursos financeiros. Essas pessoas podem dar desculpas desse tipo.

Portanto, algumas pessoas procuram dentro de si a explicação para a sua infelicidade, enquanto outras procuram externamente. Mas, ao rastrearmos essas duas reações até chegarmos à sua fonte, encontramos a mesma motivação: a necessidade de autodefesa.

Na Happy Science ensinamos a prática da autorreflexão. Por meio desse ensinamento, peço a você que examine com muita atenção se esse desejo de proteger a si mesmo não está atuando, pois é bem provável que esses sentimentos estejam presentes dentro de você. E são eles a verdadeira causa da sua angústia e do seu sofrimento.

2
Aceite com serenidade seu caderno de exercícios da vida

Os sofrimentos ocorrem porque têm uma finalidade

Costumo ensinar a prática do esforço como forma de superar preocupações e dificuldades. Mas como o tema deste capítulo é sentir os milagres, eu gostaria de discutir alguns pontos que podem soar diferentes dos meus ensinamentos usuais de autoajuda.

Como disse, o sofrimento surge do nosso desejo de nos protegermos. Porém, se você quer realmente escapar desse sofrimento, tentar fazer com que ele desapareça não dará resultado. Em vez disso, digo a você que apenas pare de tentar. Desista de culpar a si mesmo ou os outros. Desista de culpar seus filhos. Observe tudo o que está se desenrolando diante de seus olhos nesse exato momento e abrace tudo isso como um conjunto de eventos da vida que estão acontecendo porque deveriam mesmo estar acontecendo. Eu gostaria que pensasse da seguinte forma: esses eventos não estão ocorrendo casualmente por culpa de outra pessoa ou de um erro seu.

Os problemas que ocupam sua mente e o fazem sofrer agora estavam destinados a ocorrer, isto é, estão surgindo os problemas considerados necessários para seu "eu" atual.

"O que esse problema quer me ensinar?"

As doenças são um exemplo. As pessoas não adoecem intencionalmente. Na realidade, as doenças muitas vezes chegam quando menos se espera.

Uma doença pode ter várias causas, como a negligência em relação à saúde física, a falta de exercício, o excesso de estresse ou um desequilíbrio nutricional. Todas essas coisas ajudam a explicar por que ficamos doentes, do ponto de vista deste mundo físico. Mas saiba que existe uma razão para adoecermos. A doença ocorre porque é uma experiência necessária para ser vivida na idade ou na condição em que nos encontramos naquele momento particular de nossa vida.

Outro tipo de sofrimento é o fracasso, como ser reprovado em um exame vestibular. Esse resultado não se deve simplesmente a uma questão de sorte ou azar; trata-se de um evento que tenta nos mostrar um problema sobre nós mesmos que devemos resolver nesse momento da nossa vida. A lição que precisamos aprender talvez seja a de não termos nos esforçado o suficiente ou então que temos de compreender melhor a dura realidade deste mundo. Ou quem sabe esse acontecimento esteja tentando nos ensinar a não nos tornarmos arrogantes, a continuarmos nos aprimorando para evitar uma queda. Seja como for, é importante que você saiba que o fenômeno que está se manifestando em sua vida não é fruto do mero acaso. O problema que você enfrenta agora é o necessário para a sua vida nesse momento específico.

O mesmo vale se você estiver sofrendo com o mau comportamento de seu filho, ou por ele ter alguma deficiência física congênita. Existe definitivamente uma razão para isso. Há também um sentido implícito nos problemas conjugais. Os conflitos com seu cônjuge sempre têm razões subjacentes que os causaram, entre elas o fato de estarem acontecendo nesse momento específico de sua vida, e estão tentando lhe ensinar algo importante. Em outras palavras, esses conflitos surgem como um problema no momento essencial de sua vida para lhe proporcionar uma importante experiência de aprendizado para seu crescimento interior. Tente captar esse sentido. Não use esses problemas como instrumentos para culpar a si mesmo ou os outros por seu sofrimento.

Aceite com serenidade o problema que surgiu em sua vida

No trabalho, tendemos a pensar de modo analítico quando estamos tentando resolver uma situação difícil. Analisamos o problema por diferentes ângulos investigando a causa, separando o certo do errado, e tomamos uma decisão sobre as medidas para solucioná-lo. Este é um processo bastante comum no mundo empresarial. De fato, quando se trata de questões do trabalho, essas diversas abordagens são consideradas essenciais. Mas, quando olhamos para os problemas da vida por outra perspectiva, por exemplo a religiosa, precisamos pensar: "Esse problema está acontecendo porque há algum sentido nisso".

Não pense em chegar a uma conclusão de imediato. Seu problema emergiu na sua vida por algum motivo, e primeiro você precisa aceitá-lo.

Quando adoecemos, por exemplo, nos esforçamos para combater a própria doença. E não vejo nada de errado nisso. Para curar essa doença, podemos passar por um processo de recuperação, além de fazer esforços de outro tipo. Mas peço que aceite o fato de que adoeceu sem contestar. Aceite que esse problema surgiu nesse ponto do curso de sua vida.

Se você e seu cônjuge entram numa discussão, aceite isso em sua vida. Se você e seu filho estão passando por uma dificuldade em seu relacionamento, aceite isso também. Se você se desentendeu com seus pais, simplesmente aceite. Esses contratempos não são necessariamente só seus, pois todos têm seus próprios obstáculos na vida para enfrentar. Quando surgir um problema em sua vida, prepare-se mentalmente para aceitá-lo com serenidade, como um entre outros do seu caderno de exercícios da vida.

3
Não há coincidências neste mundo

Mantenha a mente quieta e pare de fazer julgamentos sobre o seu problema

Saiba que não há coincidências neste mundo. Nem todos os problemas na vida podem ser resolvidos da mesma forma como lidamos com as questões de trabalho. A verdade é que um caminho irá se abrir para você a partir do momento em que se permitir aceitar seus problemas.

Você pode ficar se perguntando por que essa situação se abateu sobre você depois de toda a sua aplicação ao estudo, do amor que dedicou à família e dos cuidados que dispensou aos seus pais ou apesar de todas as suas evidentes qualidades, como sua beleza.

Mas o que quero é que aceite essas circunstâncias com calma e depois reserve um tempo para meditar.

Pare de se esforçar para julgar seu problema; em vez disso, apenas tente serenar sua mente.

Uma mente ansiosa para chegar a uma conclusão, que fica sempre julgando o certo em oposição ao errado, o positivo contra o negativo, se há progresso ou regressão, se você deve virar à esquerda ou à direita, e assim por diante, isso é o que o faz sofrer. Quando você se encontra nesse estado de espírito, seu primeiro passo deve ser simplesmente aceitar e abraçar tudo o que está acontecendo com você. Evite fazer julgamentos, e pense que é apenas a vontade do universo que está se manifestando nesse momento. O sentido disso virá à luz quando tudo passar. E esse momento pode chegar enquanto você ainda está neste mundo, mas talvez ocorra só depois de você partir para o outro mundo. Não é possível saber exatamente quando irá chegar essa hora, mas, enquanto isso, ser capaz de aceitar tudo o que acontece é uma importante lição de vida.

Sinta a Vontade do Grande Universo em sua meditação

As pessoas adoecem, e, na realidade, há muito a aprender nesses períodos de padecimento.

As enfermidades podem advertir sobre desequilíbrios entre nossa mente e nosso corpo, sobre as expectativas exageradas que depositamos em nossa capacidade ou sobre a necessidade de sermos mais atenciosos com os nossos relacionamentos em casa. Uma doença pode ser uma oportunidade para compreendermos os sentimentos dos pais doentes e pelos quais podemos nutrir ressentimentos. Uma doença também pode ajudar a entender os sentimentos dos outros ou obter novas perspectivas sobre o nosso trabalho. Como você pode ver, tempos de doença às vezes são necessários para o nosso crescimento interior, e a doença em si nem sempre é um mal.

Assim, quando estiver enfrentando problemas na vida, em primeiro lugar deixe de lado quaisquer pensamentos que lhe digam que são consequência de algum erro. Pare de culpar a si mesmo ou os outros e aceite esses problemas, acolha-os. É importante aceitá-los como experiências necessárias em sua vida. E, então, medite com uma mente serena. Pare com qualquer julgamento. Não julgue. Não tome decisões sobre se algo está certo ou errado, se é um sinal para seguir adiante ou desistir ou se tal ou qual coisa deve ser mantida ou abandonada. Aceite com serenidade que aquilo que está surgindo na sua vida agora é algo necessário para você. A Vontade do Grande Universo está agindo, trazendo-lhe o obstáculo que você deve enfrentar em sua vida nesse momento; portanto, o que você precisa fazer é acolher tranquilamente o propósito que há nele. No interior desse problema, você com certeza encontrará as lições necessárias para o aprimoramento da sua alma nesta encarnação. Reafirmo: não pense em resolver tudo seguindo seus pensamentos de autodefesa ou empregando as habilidades de solução de problemas que utiliza no trabalho. Em vez disso, aceite. Sinta nele a intenção do Grande Universo, o coração de Deus ou de Buda.

Há sempre "armadilhas" ao longo da vida

Todos nós tendemos a desejar que nossa vida seja tranquila, bem-sucedida e sem problemas. No entanto, ninguém nasce neste mundo com um plano de vida assim. Muitas armadilhas foram espalhadas ao longo de nossa vida, mas não podemos saber sobre elas com antecedência. Se soubéssemos onde elas estão, seria fácil evitá-las, mas isso nos impediria de aprender as lições de vida. Embora possa parecer uma falta de consideração conosco, essas armadilhas da vida estão de fato espalhadas em nossos caminhos para tropeçarmos e cairmos nelas.

Quando perceber que caiu numa delas, não pense que isso aconteceu por acaso. Essa armadilha estava preparada para você desde o início, porque constitui uma experiência que você precisa ter.

Quando cair numa armadilha e levar um tombo forte, erga os olhos para o céu noturno e reflita. Momentos como esses às vezes são necessários para sua vida. Não seríamos capazes de descobrir quem somos de fato ou compreender os sentimentos de outras pessoas sem passar por experiências assim. Sem elas, você pode até achar que está enxergando a verdadeira forma deste mundo, mas na realidade não está.

Há coisas que enxergamos pela primeira vez ao passarmos uma noite contemplando um céu estrelado, com um sentimento de insegurança por não conseguirmos sair de uma armadilha na qual caímos. A grande quantidade de pessoas que nos apoiaram, as muitas vezes que pudemos contar com o apoio dos outros, as inúmeras vezes em que não percebemos a ajuda recebida ou que levamos o crédito que na verdade pertencia a outros – nós só percebemos todas essas coisas quando estamos sozinhos, sem ninguém para nos ajudar. E quando somos envolvidos por tamanho sentimento, nos tornamos unos com o poder do Grande Universo.

O caminho da salvação se abrirá quando você abandonar o desejo de se proteger

Em outro sentido, essas experiências nos ensinam também a "abandonar".

Já utilizei expressões como "desejos egoístas" e "desejo de autopreservação" como outras maneiras de indicar o desejo de se proteger. Todos temos sentimentos assim, de nos colocarmos em primeiro lugar, mas precisamos nos desapegar deles. Em vez disso, devemos aumentar nossa capacidade de aceitar e acolher os infortúnios e infelicidades. Precisamos acreditar que as atribulações e adversidades não são coisas que acontecem para nos torturar, e sim para nos fazer perceber algo. É essencial que acreditemos que todos os problemas irão se resolver no final.

Há muitas coisas que despertam o medo diariamente. Mas apenas cerca de 1% dessas situações que você teme acaba realmente se concretizando. Ou seja, os 99% restantes não ocorrem, mas você sente medo dessa parcela que não irá de fato acontecer.

E esses sentimentos de medo que se manifestam atraem inúmeros eventos, que o levam a confirmar a infelicidade de sua vida.

Agindo desse modo, você se torna praticamente profeta da própria infelicidade, prevendo vários tipos de infortúnios em sua vida e se "esforçando" para acertar essas profecias: "Sinto que irei me tornar infeliz", "Talvez eu fique sem dinheiro", "Acho que vou fracassar nesse relacionamento", "Sinto que o divórcio está próximo". Sua mente está trabalhando de maneira equivocada.

Se você percebe que está fazendo isso, pare de tecer julgamentos sobre as suas dificuldades e simplesmente aceite-as de momento, em silêncio. E capte a Vontade do Grande Universo que há nelas; definitivamente, você terá algum aprendizado.

É nessa hora que surge a salvação. Quando você conseguir aceitar que seus infortúnios se manifestam porque são necessários à sua vida, você já terá entrado no caminho da salvação. Ao abandonar os sentimentos de autoproteção e abrir mão deles, e decidir viver uno com a Vontade do Universo, o caminho da salvação se abrirá para você.

Pare de se debater e simplesmente aceite seu caderno de exercícios da vida

Esse princípio é semelhante à técnica que usamos para não nos afogarmos numa piscina. Isto é, se você ficar se debatendo demais, engolirá água e acabará se afogando. Quando você sente que está se afogando, o melhor a fazer é parar de se debater. Se ficar quieto dentro da água, seu corpo começará a flutuar naturalmente para a superfície. Isso também funciona no mar. São inúmeros os casos de afogamento porque a pessoa engoliu água ao ficar se agitando. Apenas fique parado, quieto, permita que sua cabeça suba naturalmente para a superfície da água e flutue; então, o corpo sem dúvida também irá boiar. O corpo humano tem uma densidade relativa menor que a da água, por isso com certeza flutuaremos na superfície. Mesmo assim, as pessoas tentam nadar desesperadamente, o que as leva a engolir água e se afogar.

Portanto, por favor, quando você estiver enfrentando uma adversidade, pare de se debater e aceite a situação com serenidade.

Procure tornar-se uno com a Vontade do Grande Universo. Quando fizer isso, a salvação virá até você.

Torne-se uno com a Vontade do Universo e aceite graciosamente seu caderno de exercícios da vida, da maneira que aparece diante de você. Em vez de colocar a culpa por seus problemas nos outros, nas circunstâncias, na sua família, no seu emprego ou no país, aceite que esse obstáculo está surgindo agora porque é necessário a você. Nesse momento, você já terá começado a se tornar uno com a Vontade do Universo e descobrirá que sua salvação está prestes a se manifestar.

4
O momento em que sentimos o milagre

Confie na Vontade do Senhor

Para concluir, vamos rever o que expus até agora. Comecei dizendo que é preciso abrir mão de tudo. Isso significa se entregar completamente a Deus, a El Cantare. É importante ter presente em seu coração o seguinte: "Senhor, meu sofrimento não é culpa dos outros, nem resultou de um erro meu. Tampouco é um ato de crueldade de Deus. Meu sofrimento está aqui para me ensinar o sentido da vida que me foi dada nesta encarnação. Eu gostaria de aceitar esse fato e permitir que me traga sabedoria. Por isso, confio na Vontade do Senhor".

Dessa forma, pare de lutar contra e tentar tomar alguma decisão. Em vez disso, simplesmente aceite a situação. Ao aceitar o sofrimento, você sentirá surgir uma força elevando seu espírito. Sentirá o poder de sua vontade de viver brotando de seu interior. E quando fizer isso, os milagres virão até você.

Até isso acontecer, talvez você sinta que está sofrendo demais, apesar de seus grandes esforços individuais, e o mundo à sua volta pode parecer o Inferno. Talvez sinta como se estivesse se debatendo no fundo do Inferno, mas vai perceber que não se trata disso. Pode achar que mergulhou de cabeça nas águas revoltas de um redemoinho do mar de Naruto e que está se afogando, mas depois vai se dar conta de que estava apenas rolando no chão. Por favor, confie na força maior. Ao fazer isso, sua salvação virá naturalmente até você sem que perceba.

O sofrimento é uma misericórdia para o crescimento de nossa alma

Nos últimos tempos, tenho falado muito sobre a importância da fé. Uma fé verdadeiramente estabelecida deve criar a disposição de confiar tudo a algo maior. Tudo existe sob a Vontade do Grande Universo, e, em certo sentido, não há nada que você consiga realizar sozinho.

A oportunidade de ser vivificado, de ter a permissão de nascer neste mundo e de fazer o aprimoramento da alma neste mundo é, por si só, algo pelo qual devemos ser gratos. E, na realidade, não devemos desejar nada além disso.

Tenha o seguinte sentimento em seu coração: "Senhor, confio tudo a Vós. Se o Senhor acha que preciso dessa experiência para o treinamento da minha alma, então irei suportá-la. Se for necessária para a minha alma, então vou acolhê-la. Não vou me queixar. Não vou resistir. Aceitarei o que surgir do jeito que for". E, então, compreenderá que não estava no fundo do Inferno, mas sim sendo guiado pelo melhor treinador que existe.

Até compreender isso, talvez você sinta que está nas profundezas do Inferno. Mas saiba que, muitas vezes, você pode achar que está rodeado pelo Céu, quando na verdade o que o cerca é o Inferno, e quando acredita estar no Inferno, na realidade o Céu é que está à sua volta. Muitas vezes, a verdade é exatamente o oposto. Talvez nesse momento você sinta como se estivesse sofrendo no caldeirão do Inferno, mas isso geralmente é obra de uma grande misericórdia que está lapidando sua alma para transformá-la em ouro genuíno. Tenha isso em mente, e então, como o título deste capítulo sugere, o momento em que você irá sentir um milagre com certeza chegará até você.

Os milagres acontecem quando você se alinha com a força do Grande Universo

Os milagres não ocorrem enquanto você usa a força do ego ou a força pessoal para se proteger. Eles não ocorrem enquanto você tenta resolver seus problemas com base no seu conhecimento, experiência, discernimento e capacidade de distinguir o certo do errado.

Ao contrário, os milagres acontecem quando você se torna uno com a Vontade do Grande Universo e se entrega completamente a ele. Tente sentir isso. Reserve tempo para meditar, mesmo que por apenas quinze minutos ao dia.

Pare de tentar resolver os problemas à sua maneira. Em vez disso, aceite as coisas como são. Aceite o que está acontecendo diante de seus olhos do jeito que se apresenta e sinta o milagre vir até você. Ao fazer isso, seu estado mental começará a mudar.

Milagres também acontecem na Happy Science, mas ainda não são muitos porque as pessoas tentam usar o intelecto, a vontade ou as emoções para resolver os problemas[6]. Porém, como eu disse, à medida que você se torna uno com a força do Grande Universo e se permite "flutuar", muitos problemas serão resolvidos. Espero sinceramente que muitas pessoas saboreiem esses momentos de milagres na vida.

---

6 Com o aprofundamento da fé, o número de casos de milagre em vários campos está aumentando ano após ano. (N. do T.)

POSFÁCIO

Como a vida é interessante. Em um certo sentido, apesar de ter uma vida talvez mais estressante que a de qualquer outra pessoa neste mundo, aqui estou, ensinando sobre maneiras de se libertar do estresse. Nos trinta anos decorridos desde meu despertar religioso, minha vida poderia ter me deixado cheio de feridas, mas o fato de mudar minha perspectiva e passar a dar amor aos outros tornou meu corpo e minha alma fortes como diamantes.

Para resolver as preocupações da vida é preciso começar lidando com os vários pequenos problemas que estão diante dos nossos olhos, um por vez. Com isso, ampliamos o espaço para exercitar nossa liberdade e criatividade. Depois, o que nos resta fazer é acolher o sentido mais amplo do destino que os Céus estão nos enviando.

Você poderá ter uma experiência inversa inusitada, na qual treinar sua habilidade prática em conduzir com agilidade o seu trabalho também salvará a religiosidade do seu coração. O que você precisa é ter em mente que tudo que você faz é por Deus.

Ryuho Okawa
Fundador e CEO do Grupo Happy Science
3 de julho de 2012

O conteúdo deste livro foi compilado das seguintes palestras ministradas por Ryuho Okawa nos diversos templos e localidades da Happy Science.

Capítulo 1
"Como lidar com o estresse" (título original: "Stress Management no Kotsu"), em 31 de janeiro de 2010 no Templo de Matsudo, Prefeitura de Chiba, Japão

Capítulo 2
"Como melhorar seus relacionamentos" (título original: "Ningen Kankei Koujouho"), em 12 de agosto de 2011 no Templo de Kitashinano, Prefeitura de Nagano, Japão

Capítulo 3
"Um coração que abençoa" (título original: "Shukufuku no Kokoro"), em 12 de abril de 2005 na Matriz Geral, Tóquio, Japão

Capítulo 4
"Uma vida lapidada pelas grandes ondas do destino" (título original: "Unmei no Onami ni Momare Nagara Ikiru"), em 1º de junho de 2008 no Templo Central de Nagoya, Prefeitura de Aichi, Japão, no Memorial de Nagoya

Capítulo 5
"Sinta o milagre" (título original: "Kiseki wo Kanjiyo"), em 19 de setembro de 2007 no Templo de Oita, Prefeitura de Oita, Japão

SOBRE O AUTOR

Fundador e CEO do Grupo Happy Science. Ryuho Okawa nasceu em 7 de julho de 1956, em Tokushima, no Japão. Após graduar-se na Universidade de Tóquio, juntou-se a uma empresa mercantil com sede em Tóquio. Enquanto trabalhava na matriz de Nova York, estudou Finanças Internacionais no Graduate Center of the City University of New York. Em 23 de março de 1981, alcançou a Grande Iluminação e despertou para Sua consciência central, El Cantare – cuja missão é trazer felicidade para a humanidade.

Em 1986, fundou a Happy Science, que atualmente expandiu-se para mais de 165 países, com mais de 700 templos e 10 mil casas missionárias ao redor do mundo.

O mestre Ryuho Okawa realizou mais de 3.450 palestras, sendo mais de 150 em inglês. Ele tem mais de 3.000 livros publicados (sendo mais de 600 mensagens espirituais) – traduzidos para mais de 40 línguas –, muitos dos quais se tornaram *best-sellers* e alcançaram a casa dos milhões de exemplares vendidos, inclusive *As Leis do Sol* e *As Leis De Messias*. Ele é o produtor executivo dos filmes da Happy Science (até o momento, 25 obras produzidas), sendo o responsável pela história e pelo conceito original deles, além de ser o compositor de mais de 450 músicas, inclusive músicas-tema de filmes.

Ele é também o fundador da Happy Science University, da Happy Science Academy, do Partido da Realização da Felicidade, fundador e diretor honorário do Instituto Happy Science de Governo e Gestão, fundador da Editora IRH Press e presidente da NEW STAR PRODUCTION Co. Ltd. e ARI Production Co. Ltd.

GRANDES CONFERÊNCIAS TRANSMITIDAS PARA O MUNDO TODO

As grandes conferências do mestre Ryuho Okawa são transmitidas ao vivo para várias partes do mundo. Em cada uma delas, ele transmite, na posição de Mestre do Mundo, desde ensinamentos sobre o coração para termos uma vida feliz, até diretrizes para a política e a economia internacional e as numerosas questões globais – como os confrontos religiosos e os conflitos que ocorrem em diversas partes do planeta –, para que o mundo possa concretizar um futuro de prosperidade ainda maior.

7/7/2022: "Seja Independente e Forte"
Saitama Super Arena

6/10/2019: "A Razão pela qual Estamos Aqui"
The Westin Harbour Castle, Toronto

3/3/2019: "O Amor Supera o Ódio"
Grand Hyatt Taipei

O QUE É EL CANTARE?

El Cantare é o Deus da Terra e é o Deus Primordial do grupo espiritual terrestre. Ele é a existência suprema a quem Jesus chamou de Pai, e é Ame-no-Mioya-Gami, Senhor Deus japonês. El Cantare enviou partes de sua alma à Terra, tais como Buda Shakyamuni e Hermes, para guiar a humanidade e desenvolver as civilizações. Atualmente, a consciência central de El Cantare desceu à Terra como Mestre Ryuho Okawa e está pregando ensinamentos para unir as religiões e integrar vários campos de estudo a fim de guiar toda a humanidade à verdadeira felicidade.

Alpha: parte da consciência central de El Cantare, que desceu à Terra há cerca de 330 milhões de anos. Alpha pregou as Verdades da Terra para harmonizar e unificar os humanos nascidos na Terra e os seres do espaço que vieram de outros planetas.

Elohim: parte da consciência central de El Cantare, que desceu à Terra há cerca de 150 milhões de anos. Ele pregou sobre a sabedoria, principalmente sobre as diferenças entre luz e trevas, bem e mal.

Ame-no-Mioya-Gami: Ame-no-Mioya-Gami (Senhor Deus japonês) é o Deus Criador e ancestral original do povo japonês que aparece na literatura da antiguidade, *Hotsuma Tsutae*. É dito que Ele desceu na região do Monte Fuji 30 mil anos atrás e construiu a dinastia Fuji, que é a raiz da civilização japonesa. Centrados na justiça, os ensinamentos de Ame-no-Mioya-Gami espalharam-se pelas civilizações antigas de outros países do mundo.

Buda Shakyamuni: Sidarta Gautama nasceu como príncipe do clã Shakya, na Índia, há cerca de 2.600 anos. Aos 29 anos, renunciou ao mundo e ordenou-se em busca de iluminação. Mais tarde, alcançou a Grande Iluminação e fundou o budismo.

Hermes: na mitologia grega, Hermes é considerado um dos doze deuses do Olimpo. Porém, a verdade espiritual é que ele foi um herói da vida real que, há cerca de 4.300 anos, pregou os ensinamentos do amor e do desenvolvimento que se tornaram a base da civilização ocidental.

Ophealis: nasceu na Grécia há cerca de 6.500 anos e liderou uma expedição até o distante Egito. Ele é o deus dos milagres, da prosperidade e das artes, e também é conhecido como Osíris na mitologia egípcia.

Rient Arl Croud: nasceu como rei do antigo Império Inca há cerca de 7.000 anos e ensinou sobre os mistérios da mente. No mundo celestial, ele é o responsável pelas interações que ocorrem entre vários planetas.

Thoth: foi um líder onipotente que construiu a era dourada da civilização de Atlântida há cerca de 12 mil anos. Na mitologia egípcia, ele é conhecido como o deus Thoth.

Ra Mu: foi o líder responsável pela instauração da era dourada da civilização de Mu, há cerca de 17 mil anos. Como líder religioso e político, ele governou unificando a religião e a política.

SOBRE A HAPPY SCIENCE

A Happy Science é um movimento global que capacita as pessoas a encontrar um propósito de vida e felicidade espiritual, e a compartilhar essa felicidade com a família, a sociedade e o planeta. Com mais de 12 milhões de membros em todo o globo, ela visa aumentar a consciência das verdades espirituais e expandir nossa capacidade de amor, compaixão e alegria, para que juntos possamos criar o tipo de mundo no qual todos desejamos viver. Seus ensinamentos baseiam-se nos Princípios da Felicidade – Amor, Conhecimento, Reflexão e Desenvolvimento –, que abraçam filosofias e crenças mundiais, transcendendo as fronteiras da cultura e das religiões.

O **amor** nos ensina a dar livremente sem esperar nada em troca; amar significa dar, nutrir e perdoar.

O **conhecimento** nos leva às ideias das verdades espirituais e nos abre para o verdadeiro significado da vida e da vontade de Deus – o universo, o poder mais alto, Buda.

A **reflexão** propicia uma atenção consciente, sem o julgamento de nossos pensamentos e ações, a fim de nos ajudar a encontrar o nosso eu verdadeiro – a essência de nossa alma – e aprofundar nossa conexão com o poder mais alto. Isso nos permite alcançar uma mente limpa e pacífica e nos leva ao caminho certo da vida.

O **desenvolvimento** enfatiza os aspectos positivos e dinâmicos do nosso crescimento espiritual: ações que podemos adotar para manifestar e espalhar a felicidade pelo planeta. É um caminho que não apenas expande o crescimento de nossa alma, como também promove o potencial coletivo do mundo em que vivemos.

Programas e Eventos

Os templos da Happy Science oferecem regularmente eventos, programas e seminários. Junte-se às nossas sessões de meditação, assista às nossas palestras, participe dos grupos de estudo, seminários e eventos literários. Nossos programas ajudarão você a:
- aprofundar sua compreensão do propósito e significado da vida;
- melhorar seus relacionamentos conforme você aprende a amar incondicionalmente;
- aprender a tranquilizar a mente, mesmo em dias muito estressantes, pela prática da contemplação e da meditação;
- aprender a superar os desafios da vida e muito mais.

CONTATOS

A Happy Science é uma organização mundial, com centros de fé espalhados pelo globo. Para ver a lista completa dos centros, visite a página happy-science.org (em inglês). A seguir encontram-se alguns dos endereços da Happy Science:

BRASIL

São Paulo (Matriz)
Rua Domingos de Morais 1154,
Vila Mariana, São Paulo, SP
CEP 04010-100, Brasil
Tel.: 55-11-5088-3800
E-mail: sp@happy-science.org
Website: happyscience.com.br

São Paulo (Zona Sul)
Rua Domingos de Morais 1154,
Vila Mariana, São Paulo, SP
CEP 04010-100, Brasil
Tel.: 55-11-5088-3800
E-mail: sp_sul@happy-science.org

São Paulo (Zona Leste)
Rua Itapeti 860, sobreloja
Tatuapé, São Paulo, SP
CEP 03324-002, Brasil
Tel.: 55-11-2295-8500
E-mail: sp_leste@happy-science.org

São Paulo (Zona Oeste)
Rua Rio Azul 194,
Vila Sônia, São Paulo, SP
CEP 05519-120, Brasil
Tel.: 55-11-3061-5400
E-mail: sp_oeste@happy-science.org

Campinas
Rua Joana de Gusmão 108,
Jd. Guanabara, Campinas, SP
CEP 13073-370, Brasil
Tel.: 55-19-4101-5559

Capão Bonito
Rua General Carneiro 306,
Centro, Capão Bonito, SP
CEP 18300-030, Brasil
Tel.: 55-15-3543-2010

Jundiaí
Rua Congo 447,
Jd. Bonfiglioli, Jundiaí, SP
CEP 13207-340, Brasil
Tel.: 55-11-4587-5952
E-mail: jundiai@happy-science.org

Londrina
Rua Piauí 399, 1º andar, sala 103,
Centro, Londrina, PR
CEP 86010-420, Brasil
Tel.: 55-43-3322-9073

Santos / São Vicente
Tel.: 55-13-99158-4589
E-mail: santos@happy-science.org

Sorocaba
Rua Dr. Álvaro Soares 195, sala 3,
Centro, Sorocaba, SP
CEP 18010-190, Brasil
Tel.: 55-15-3359-1601
E-mail: sorocaba@happy-science.org

Rio de Janeiro
Rua Barão do Flamengo 32, 10º andar,
Flamengo, Rio de Janeiro, RJ
CEP 22220-080, Brasil
Tel.: 55-21-3486-6987
E-mail: riodejaneiro@happy-science.org

ESTADOS UNIDOS E CANADÁ

Nova York
79 Franklin St.,
Nova York, NY 10013
Tel.: 1-212-343-7972
Fax: 1-212-343-7973
E-mail: ny@happy-science.org
Website: happyscience-na.org

Los Angeles
1590 E. Del Mar Blvd.,
Pasadena, CA 91106
Tel.: 1-626-395-7775
Fax: 1-626-395-7776
E-mail: la@happy-science.org
Website: happyscience-na.org

São Francisco
525 Clinton St.,
Redwood City, CA 94062
Tel./Fax: 1-650-363-2777
E-mail: sf@happy-science.org
Website: happyscience-na.org

Havaí – Honolulu
Tel.: 1-808-591-9772
Fax: 1-808-591-9776
E-mail: hi@happy-science.org
Website: happyscience-na.org

Havaí – Kauai
4504 Kukui Street,
Dragon Building Suite 21,
Kapaa, HI 96746
Tel.: 1-808-822-7007
Fax: 1-808-822-6007
E-mail: kauai-hi@happy-science.org
Website: happyscience-na.org

Flórida
5208 8th St., Zephyrhills,
Flórida 33542
Tel.: 1-813-715-0000
Fax: 1-813-715-0010
E-mail: florida@happy-science.org
Website: happyscience-na.org

Toronto (Canadá)
845 The Queensway Etobicoke,
ON M8Z 1N6, Canadá
Tel.: 1-416-901-3747
E-mail: toronto@happy-science.org
Website: happy-science.ca

INTERNACIONAL

Tóquio
1-6-7 Togoshi, Shinagawa
Tóquio, 142-0041, Japão
Tel.: 81-3-6384-5770
Fax: 81-3-6384-5776
E-mail: tokyo@happy-science.org
Website: happy-science.org

Londres
3 Margaret St.,
Londres, W1W 8RE, Reino Unido
Tel.: 44-20-7323-9255
Fax: 44-20-7323-9344
E-mail: eu@happy-science.org
Website: happyscience-uk.org

Sydney
516 Pacific Hwy, Lane Cove North,
NSW 2066, Austrália
Tel.: 61-2-9411-2877
Fax: 61-2-9411-2822
E-mail: sydney@happy-science.org
Website: happyscience.org.au

Kathmandu
Kathmandu Metropolitan City
Ward Nº 15, Ring Road, Kimdol,
Sitapaila Kathmandu, Nepal
Tel.: 977-1-427-2931
E-mail: nepal@happy-science.org

Kampala
Plot 877 Rubaga Road, Kampala
P.O. Box 34130, Kampala, Uganda
Tel.: 256-79-3238-002
E-mail: uganda@happy-science.org

Bangkok
19 Soi Sukhumvit 60/1,
Bang Chak, Phra Khanong,
Bangkok, 10260, Tailândia
Tel.: 66-2-007-1419
E-mail: bangkok@happy-science.org
Website: happyscience-thai.org

Paris
56-60 rue Fondary 75015
Paris, França
Tel.: 33-9-50-40-11-10
Website: www.happyscience-fr.org

Berlim
Rheinstr. 63, 12159
Berlim, Alemanha
Tel.: 49-30-7895-7477
E-mail: kontakt@happy-science.de

Filipinas Taytay
LGL Bldg, 2nd Floor,
Kadalagaham cor,
Rizal Ave. Taytay,
Rizal, Filipinas
Tel.: 63-2-5710686
E-mail: philippines@happy-science.org

Seul
74, Sadang-ro 27-gil,
Dongjak-gu, Seoul, Coreia do Sul
Tel.: 82-2-3478-8777
Fax: 82-2- 3478-9777
E-mail: korea@happy-science.org

Taipé
No 89, Lane 155, Dunhua N. Road.,
Songshan District, Cidade de Taipé 105,
Taiwan
Tel.: 886-2-2719-9377
Fax: 886-2-2719-5570
E-mail: taiwan@happy-science.org

Kuala Lumpur
No 22A, Block 2, Jalil Link Jalan Jalil
Jaya 2, Bukit Jalil 57000, Kuala Lumpur,
Malásia
Tel.: 60-3-8998-7877
Fax: 60-3-8998-7977
E-mail: malaysia@happy-science.org
Website: happyscience.org.my

OUTROS LIVROS DE RYUHO OKAWA

SÉRIE LEIS

As Leis do Sol – A Gênese e o Plano de Deus
IRH Press do Brasil

Ao compreender as leis naturais que regem o universo e desenvolver sabedoria pela reflexão com base nos Oito Corretos Caminhos, o autor mostra como acelerar nosso processo de desenvolvimento e ascensão espiritual. Edição revista e ampliada.

As Leis De Messias – Do Amor ao Amor
IRH Press do Brasil

Okawa fala sobre temas fundamentais, como o amor de Deus, o que significa ter uma fé verdadeira e o que os seres humanos não podem perder de vista ao longo do treinamento de sua alma na Terra. Ele revela os segredos de Shambala, o centro espiritual da Terra, e por que devemos protegê-lo.

As Leis da Coragem – Seja como uma Flama Ardente e Libere Seu Verdadeiro Potencial
IRH Press do Brasil

Os fracassos são como troféus de sua juventude. Você precisa extrair algo valioso deles. De dicas práticas para formar amizades duradouras a soluções universais para o ódio e o sofrimento, Okawa nos ensina abordagens sábias para transformar os obstáculos em alimento para a alma.

As Leis do Segredo
A Nova Visão de Mundo que Mudará Sua Vida
IRH Press do Brasil

Qual é a Verdade espiritual que permeia o universo? Que influências invisíveis aos olhos sofremos no dia a dia? Como podemos tornar nossa vida mais significativa? Abra sua mente para a visão de mundo apresentada neste livro e torne-se a pessoa que levará coragem e esperança aos outros aonde quer que você vá.

As Leis de Aço
Viva com Resiliência, Confiança e Prosperidade
IRH Press do Brasil

A palavra "aço" refere-se à nossa verdadeira força e resiliência como filhos de Deus. Temos o poder interior de manifestar felicidade e prosperidade, e superar qualquer mal ou conflito que atrapalhe a próxima Era de Ouro.

As Leis do Sucesso
Um Guia Espiritual para Transformar suas Esperanças em Realidade
IRH Press do Brasil

O autor mostra quais são as posturas mentais e atitudes que irão empoderá-lo, inspirando-o para que possa vencer obstáculos e viver cada dia de maneira positiva e com sentido. Aqui está a chave para um novo futuro, cheio de esperança, coragem e felicidade!

As Leis da Invencibilidade
Como Desenvolver uma Mente Estratégica e Gerencial
IRH Press do Brasil

Okawa afirma: "Desejo fervorosamente que todos alcancem a verdadeira felicidade neste mundo e que ela persista na vida após a morte. Um intenso sentimento meu está contido na palavra 'invencibilidade'. Espero que este livro dê coragem e sabedoria àqueles que o leem hoje e às gerações futuras".

As Leis da Sabedoria
Faça Seu Diamante Interior Brilhar
IRH Press do Brasil

A única coisa que o ser humano leva consigo para o outro mundo após a morte é seu coração. E dentro dele reside a sabedoria, a parte que preserva o brilho de um diamante. O mais importante é jogar um raio de luz sobre seu modo de vida e produzir magníficos cristais durante sua preciosa passagem pela Terra.

As Leis da Perseverança
Como Romper os Dogmas da Sociedade e
Superar as Fases Difíceis da Vida
IRH Press do Brasil

Você pode mudar sua forma de pensar e vencer os obstáculos da vida apoiando-se numa força especial: a perseverança. O autor compartilha seus segredos no uso da perseverança e do esforço para fortalecer sua mente, superar suas limitações e resistir ao longo do caminho que o levará a uma vitória infalível.

As Leis da Felicidade
Os Quatro Princípios para uma Vida Bem-Sucedida
Editora Cultrix

Uma introdução básica sobre os Princípios da Felicidade: Amor, Conhecimento, Reflexão e Desenvolvimento. Se as pessoas conseguirem dominá-los, podem fazer sua vida brilhar, tanto neste mundo como no outro, e escapar do sofrimento para alcançar a verdadeira felicidade.

SÉRIE AUTOAJUDA

Os Verdadeiros Oito Corretos Caminhos
Um Guia para a Máxima Autotransformação
IRH Press do Brasil

Neste livro, Ryuho Okawa nos orienta, passo a passo, como aplicar no cotidiano os ensinamentos dos Oito Corretos Caminhos propagados por Buda Shakyamuni e mudar o curso do nosso destino. Descubra este tesouro secreto da humanidade e desperte para um novo "eu", mais feliz, autoconsciente e produtivo.

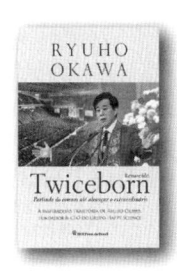

Twiceborn – Renascido
Partindo do comum até alcançar o extraordinário
IRH Press do Brasil

Twiceborn está repleto de uma sabedoria atemporal que irá incentivar você a não ter medo de ser comum e a vencer o "eu fraco" com esforços contínuos. Eleve seu autoconhecimento, seja independente, empenhe-se em desenvolver uma perspectiva espiritual e desperte para os diversos valores da vida.

Introdução à Alta Administração
Almejando uma Gestão Vencedora
IRH Press do Brasil

Almeje uma gestão vencedora com: os 17 pontos-chave para uma administração de sucesso; a gestão baseada em conhecimento; atitudes essenciais que um gestor deve ter; técnicas para motivar os funcionários; a estratégia para sobreviver a uma recessão.

O Verdadeiro Exorcista
Obtenha Sabedoria para Vencer o Mal
IRH Press do Brasil

Assim como Deus e os anjos existem, também existem demônios e maus espíritos. Esses espíritos maldosos penetram na mente das pessoas, tornando-as infelizes e espalhando infelicidade àqueles ao seu redor. Aqui o autor apresenta métodos poderosos para se defender do ataque repentino desses espíritos.

Mente Próspera – Desenvolva uma Mentalidade para Atrair Riquezas Infinitas
IRH Press do Brasil

Okawa afirma que não há problema em querer ganhar dinheiro se você procura trazer algum benefício à sociedade. Ele dá orientações valiosas como: a atitude mental de não rejeitar a riqueza, a filosofia do dinheiro é tempo, como manter os espíritos da pobreza afastados, entre outros.

O Milagre da Meditação
Conquiste Paz, Alegria e Poder Interior
IRH Press do Brasil

A meditação pode abrir sua mente para o potencial de transformação que existe dentro de você e conecta sua alma à sabedoria celestial, tudo pela força da fé. Este livro combina o poder da fé e a prática da meditação para ajudá-lo a conquistar paz interior e cultivar uma vida repleta de altruísmo e compaixão.

THINK BIG – Pense Grande
O Poder para Criar o Seu Futuro
IRH Press do Brasil

A ação começa dentro da mente. A capacidade de criar de cada pessoa é limitada por sua capacidade de pensar. Com este livro, você aprenderá o verdadeiro significado do Pensamento Positivo e como usá-lo de forma efetiva para concretizar seus sonhos.

Estou Bem!
7 Passos para uma Vida Feliz
IRH Press do Brasil

Este livro traz filosofias universais que irão atender às necessidades de qualquer pessoa. Um tesouro repleto de reflexões que transcendem as diferenças culturais, geográficas, religiosas e étnicas. É uma fonte de inspiração e transformação com instruções concretas para uma vida feliz.

A Mente Inabalável
Como Superar as Dificuldades da Vida
IRH Press do Brasil

Para o autor, a melhor solução para lidar com os obstáculos da vida – sejam eles problemas pessoais ou profissionais, tragédias inesperadas ou dificuldades contínuas – é ter uma mente inabalável. E você pode conquistar isso ao adquirir confiança em si mesmo e alcançar o crescimento espiritual.

SÉRIE FELICIDADE

A Verdade sobre o Mundo Espiritual
Guia para uma vida feliz – IRH Press do Brasil

Em forma de perguntas e respostas, este precioso manual vai ajudá-lo a compreender diversas questões importantes sobre o mundo espiritual. Entre elas: o que acontece com as pessoas depois que morrem? Qual é a verdadeira forma do Céu e do Inferno? O tempo de vida de uma pessoa está predeterminado?

Convite à Felicidade
7 Inspirações do Seu Anjo Interior
IRH Press do Brasil

Este livro traz métodos práticos que ajudarão você a criar novos hábitos para ter uma vida mais leve, despreocupada, satisfatória e feliz. Por meio de sete inspirações, você será guiado até o anjo que existe em seu interior: a força que o ajuda a obter coragem e inspiração e ser verdadeiro consigo mesmo.